自然育ちの味・香りが喜ばれる
有機・無農薬野菜60種を宅配

◀多種類の野菜に雑草も同居し助け合う共生菜園「桐島畑」（撮影：赤松富仁 以下A）

▲個性ある地元品種「十《とう》和《わ》ダイコン」なども届ける（K）

▲10種以上の野菜を入れて個人宅配（撮影：木村信夫 以下K）

▲寒さと日ざしで甘味が増す。ホウレンソウ嫌いが好きになる人も（K）

鶏糞の少量施肥でおいしい野菜
体づくりより収穫物に養分を

◀ナバナの追肥。根の伸びを誘い、収穫期には窒素が切れるように（K）

▼使用している未完熟鶏糞（A）。左の写真で施しているのは乾燥・粉状鶏糞

▲草丈は低く力のあるトウモロコシ（K）

◀小ぶりで着果節が多い長期採りの八丈オクラ（K）

▲雌しべが雄しべより長い長花柱花（左）は肥料十分、同じ長さの中花柱花になる前（右）に追肥（K）

▲花から先端までの長さで追肥判断。種類・品種で目安がある（K）

追肥は野菜のサインを読んで雑草の生育や色も判断材料に

▲オクラ：葉の切れ込みが深くなる前に追肥（左）。ふっくらしているのは窒素多め（右）（K）

▲スイカ：ツル先が朝30㎝くらい上を向くくらいの樹勢を維持（K）

▼トマト：下の段から上の段まで連続着果・着花し、先端の伸びもあるように管理（K）

▼スナップエンドウ：ホトケノザの花が増えたら追肥（K）

▼サトイモ：株から離れたところの雑草の色を見て追肥（K）

▼カブ：葉が明るく黄色味をもったら追肥（K）

収穫も野菜のサインを読んで おいしさはここにあらわれる

▲ナス：ヘタ近くの色縞が幅広くクッキリしているのが、肥大順調でよく充実したナス（K）

▶ゴーヤ：右のようにツブツブが大きくなって、先が丸みをおびたら収穫適期（K）

▼万願寺トウガラシ：首のくびれが強くなるのが収穫適期サイン（K）

▼ナバナ：花蕾のまわりの葉が白っぽく見えるようになったら、おいしさ抜群（K）

輪作・間混作で野菜の魅力アップ
多種類・多用途・長期採り

▲トウモロコシ畑に生える青ジソ。夏遅くまでやわらか（K）

▲クウシンサイ：葉ものはかき菜収穫のし方で株をつくり、長期採り（K）

▲ゴマの香りのルッコラ：間引き菜⇒かき菜⇒花芽出荷で長く楽しんでもらい、愛好者が増加中（K）

▲赤カラシナ：かき菜を宅配にチョッと入れると喜ばれる（K）

▼ミズナ・チンゲンサイ・小カブの条まき混作。次々と間引き収穫（K）

▼ニンニク：奥のうねは球採り用の点まき、手前はばらまきで間引きして葉ニンニクから宅配へ（K）

自家採種で市販を超えるタネ　タネ代三分の一、有機・無農薬向きの品種

ズッキーニ
そうめんカボチャ
手芋
青ナス
ルッコラ
ラッカセイ
十和ダイコン
オクラ
ハゼキビ（ポップコーン）
十和カブ
ソラマメ
エンドウマメ

▲タネ採りしている野菜の一部（撮影：桐島）

▼スナップエンドウ：株の中段から充実したタネが採れる（A）。下の写真は左からスナップエンドウ、ウスイ、くるめゆたか（K）

▶コブタカナとルッコラのタネ（K）

▲サラダゴボウのタネ採り用。市販のF１タネの値段はそうとう高い（K）

▼ナスのタネ採り：実を４つ割りして乾燥させる。タネは左が長ナス、右が青ナス（K）

病害虫を野菜の力で防ぐ
雑草共生のメリットも

▲地元品種、十和ダイコンと十和カブの自家選抜。赤い色と密生した産毛（写真右）がアオムシやヨトウを寄せつけない（K）

▼セルリー：畑でアカザがヨトウムシの食害をおさえている。タイミングよく除草・追肥する（K）

▼タヌキなどの侵入防止はネットを外へ傾ける。上の指先はカラス除けのライン（釣り糸）（K）

▼根こぶの出た畑をトウモロコシで修復中。雑草の種類と生長ぶりや、アカザの根の根こぶの有無（写真下）も見て、成果を判定（K）

低温ゆっくり育苗で強い苗づくり
丈は低く葉が厚く全体に丸み

▲発芽時だけ米ぬか発酵温床に播種箱を置いて保温（撮影：桐島）

▼冬の播種：キュウリの条まき（K）

▲多種類の野菜を育苗中。こまめに換気・採光を行なって徒長を防ぐ（A）

▲育苗土とその材料：左から山土１・バーク堆肥１・乾燥鶏糞0.1（K）

▼ゆっくりと自力で、がっしりした健苗に育てる。右から鉢上げ後初期のナス苗、定植後のシシトウ苗、ラッカセイの苗（K）

はじめに

はじめまして。

私は高知県の山間部で、二五年余り農業をしているものです。私が農業をしたいと思ったのは一九歳のときで、多くの先輩農家をみて、すごく輝いてみえました。私もそのなかの一人になりたいと思ったのがはじまりです。

母をはじめとした先輩方に多くのことを学び、現在は、私なりの農業ができてきました。今も多くの方々に助けていただいて農業をしておりますが、次に伝えることが自分の役目ではないか、また伝えることではじめて農業の一部分を担うことができるのでは、と思っています。

今の時代、ネットなどから多くの情報がはいってきますが、そんな時代だからこそ経験を積まないと伝えられないことがあると思います。

私自身まだまだ未熟者ですが、農業にかける情熱は負けないつもりです。私は「野菜に素直に寄り添うこと。自然が持っている力を引き出してやり、人間はほんの少し手助けしてやるだけ」という考え方で野菜をつくっています。少しでも、農薬や化学肥料を使わないで野菜を育てたいという皆さんの参考になればと本書を書きましたが、いままで本を書いたり、人に伝えることをしたことがないため、ものを伝えることの大変さを実感しています。まだ、書き残したことも多いですし、自分の思いや主観が多くはいっています。また、毎年、新しい発見があり、少しずつつくり方もかえながら、自然に近づけるようにと努力しています。

何かひとつでも読者の皆さんの参考になればと思いますが、私自身、これからも次につなげられる野菜づくりができるよう努力していくつもりです。

最後に、この本を書くために多くの方に助けていただきましたこと、御礼申し上げます。

桐島正一

著者（K）

農家が教える　桐島畑の絶品野菜づくり　目次

パート2　有機・無農薬で健康・美味に育てるポイント

パート3　私の有機・無農薬野菜づくりの実際 ―生育の見方と育て方

レイアウト・組版　ニシ工芸株式会社

パート 1

これが野菜の味だ!!

—自然育ちのおいしい野菜をつくる—

ナバナの除草を兼ねた土寄せと、最終追肥（K）

1 食べた人をひきつける野菜とは

はじめて知った！涙が出るほどやさしい味

「届いた野菜は、土臭くて、苦味があるものはちゃんとあって、でも、やさしくてとても繊細な味がしたんです。ちょうどそのころ、東京の生活に少し疲れていたこともありましたが、その野菜を料理して食べたら、涙があふれてきてしまいました。自然の力が土と野菜に込められているっていうのかな。大丈夫だよっていうメッセージが込められているような気がして。そんな野菜だったんですよね」。

これは、東京で小さなレストランを営んでいた女性が、知り合いを通じて私の農園「桐島畑」の野菜を注文したときの話である。同じような経験をしたのは、この女性だけではなく、レストランのシェフのなかにも、「涙がこぼれた」という人がいる。

少量の鶏糞だけで、野菜の自然の力を引き出す

私の野菜づくりのポリシーは、「野菜に素直に寄り添うこと。自然が持っている力を引き出してやり、人間はほんの少し手助けしてやるだけ」ということ。そのために、使う肥料は一袋（一五kg）一二〇円の安い鶏糞主体で、施す量は窒素成分で普通の人の半分、農薬もいっさい使わない。年間の売り上げのうち、経費は一〇分の一もかからない。

ただし、肥料が有機質であっても化学肥料であっても、収穫物ができるときストレートに効くと、アクやクセなど窒素味が残り、野菜嫌いをつくってしまう。だから、野菜一つ

写真1-1　少ない肥料で実を成らせ続けるピーマン（撮影：木村信夫 以下K）

野菜づくり　私のポリシー

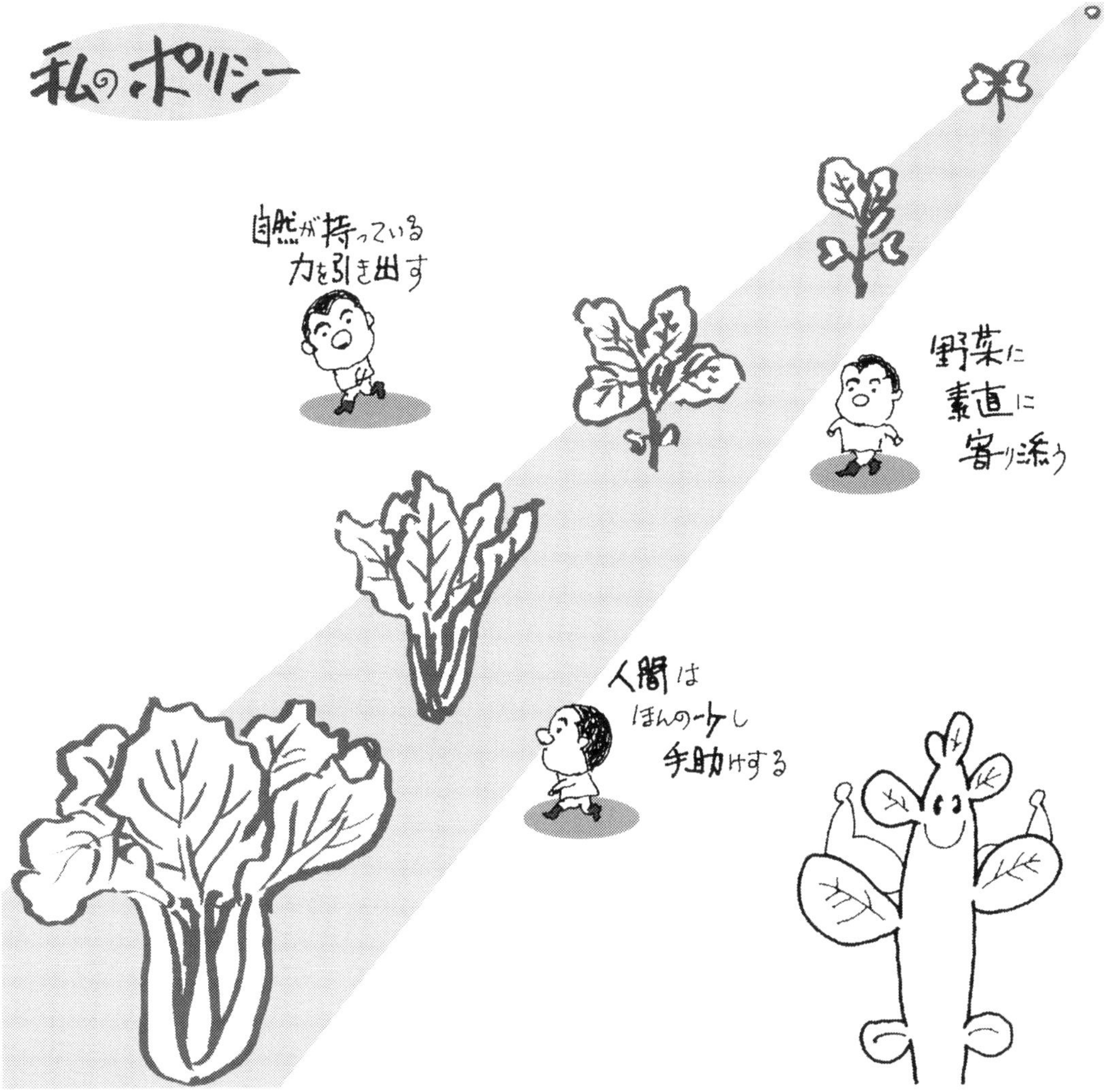

ひとつの生育のサインを見て、おいしく育つ鶏糞の効かせどころで施し、少肥栽培で野菜自身に力を発揮してもらうのが、私の技術の大きな特徴である。

また、畑は多種の野菜の輪作、さらには雑草も含めた輪作を行なっている。野菜と雑草は競合する面があるが、生育のある時期まではさまざまな面で助けあう。そのタイミングをみはからって除草して、少々の鶏糞追肥を行なって野菜を伸ばし、そのあとは肥料が切れて味がのっていくという、自然の生態のな

写真1-2　寒さと日ざしを受けて味がのるホウレンソウ（K）

写真1-3　多彩な野菜・雑草がともに生きる私の畑（撮影：赤松富仁 以下A）

かでのおいしさづくりを心がけている。

こんなふうにして育ってくる野菜が人の心を動かし、レストランのシェフにも個人客にも熱いファンが増えている。

年間六〇品目の
有機・無農薬野菜を届ける

桐島畑は高知県四万十町十川、山々に囲まれた四万十川中流の少し開けた傾斜地にある。一・三haの田畑で、年間に六〇種類以上の野菜をつくり、全国の個人宅配のお客さん、県内や東京のレストラン、自然食品店・スーパーなどに直送している。

個人宅配は、一〇種類くらいの旬の野菜が詰まった段ボール一箱が、送料込みで二〇〇〇円と三〇〇〇円の二種。自然食品店などには、注文のあった数種の野菜の詰め合わせを送っている。

宅配のお客さんたちは、箱が届いたとき、開けるたびにワクワクすると喜んでくれる。品目はダイコン・ニンジン・ジャガイモ・タマネギ・トマト・ナス・キュウリ・キャベツなどメジャーな野菜に加えて、さわやかな緑色のモロッコインゲンやクウシンサイ（空芯菜）、鮮やかなカラーピーマン、よい香りのする青ジソ・ルッコラ、珍しい茎レタスなど第一印象にアピールする品々を上にのせる。

ジュース好き・調理好き
お客の望みに応えて送る

そして、健康のために野菜ジュースをよく飲む人には、枝豆・インゲンの替わりにクウシンサイやオカノリなどを入れてあげる（写真1-5、6）。こうして毎回届く多彩な桐島畑の野菜を食べて、はじめてそのおいしさを知ったというお客さんが多い。

クウシンサイは、アク・クセがあってとても飲めないというイメージが一変して、毎日の野菜ジュースに欠かせない素材になった。

写真1-4　宅配の荷造り作業（K）

オクラもホウレンソウもカブもあまり好きでなかった方が「こんなに甘かったの？」と喜んでくれる。

宅配のお客さんには、毎日野菜をたくさんとりたいという方が多い。これらの方たちは、濃い味つけをしない蒸し野菜・温野菜を楽しむのに、素材自体の自然なおいしさと甘味、香りの高さがとにかくうれしいということで、固定客が広がってきている。

写真1-6　ジュース派以外の人には9種と枝豆・モロッコインゲン（K）

写真1-5　10種以上の野菜が入る宅配ボックス（6月）。この日は、ダイコン・ニンジン・キュウリ・ズッキーニ・キャベツ・茎レタス・ニラ・タマネギ・ジャガイモの9種と、野菜ジュース派のお客さんにはクウシンサイとオカノリ（K）

新しい食べ方、プロの創作料理も広がる

野菜の自然な味や色・香りは、食べ方の楽しみ、料理のレパートリーも広げているようだ。たとえば、オカノリはおひたしがふつうだが、生のままでおにぎりに巻く人もいる。

また、ゴマの香りがするルッコラは、一般の密植・早出しだと香りが出ないし、窒素が効いたばかりだと青臭みがするのでファンは増えない。私の場合は、ゆっくりと育てていって、窒素が切れて香りと辛みが出たところで送るようにしている（写真1-7）。

まず間引き菜を届け、次に芽かきしながら届け、最後には蕾のついた花芽も届ける。これは自家採種しているからできることだが、花芽がほしいと、待ってくれる方も増えてきた。

このような、一つの野菜の丸ごと活用、長期間利用（ルッコラは九月下旬にまいて十一月上旬から三月まで宅配ボックスに入る）は宅配の関係の深まりだと思うが、私の経営にとっても、お客さんの食卓にとっても魅力的だ。

写真1-7　ゴマの香りに愛好者が増えているルッコラ（K）

私は五〇種の野菜の自家採種をしているが、たとえば、十和《とわ》ダイコンは地ダイコンのなかからピンクの濃いものを選抜している（カラー口絵一ページ参照）。これは酢で締めると赤く染まるので、ある寿司職人は、酢締めピンク大根と火通しした白い大根をスライスして、握り寿司を二色に飾った。

家庭でもレストランでも、野菜のある食卓がより豊かで楽しくなっていく、そんな野菜生産をめざしている。

2 私の有機・無農薬野菜の育ちはここがちがう

―「有機は育てにくい」から脱出を

野菜づくりで気をつけていること

はじめに述べたように、私の野菜づくりのポリシー「野菜に素直に寄り添うこと」というのは、野菜の自然な生長・繁殖の姿を目標に手助けすることである。

そのために、私は野菜をつくるうえで、次のことにいつも気をつけている。

①よいタネが採れる野菜をつくる
②収穫時に窒素が切れるように
③ゆっくり小ぶりに育てる
④自然に即して「有機少肥・健康・美味コース」
⑤輪作で畑のバランスを回復する
⑥収穫の仕方で、次のよい収穫を準備
⑦畑や野菜のサインを読みとる

よいタネが採れる野菜をつくる

私はいつも元気な野菜をつくりたいと思って野菜を育てているが、どのような野菜が元気なのか。それは、成熟したタネが採れることだと思う。

成熟したタネとは、まくとしっかり発芽して生長するタネである。子孫を残すことが生命の本分だから、野菜はもともと、よく成熟し品質のいいタネを結んで一生を終えたいと思っているはずだ。

野菜は発芽後にはまず根をしっかり伸ばし、その根で土壌養分を吸い、葉で光合成をしてできた栄養を体にまわして大きくなる。そして、最後は果実のほうへ養分をまわしてタネを実らせる。体をつくるときは外からやる肥料も必要であるが、タネをつくるときは、根っこからの養分よりも体にためた養分をタネに送っている。

どの野菜でも遅くまで肥料を効かせるとタネは大きくなる、しかし、大きいタネとよく成熟し発芽力の強いタネはちがう。大きいだけでは、たとえ発芽しても、ダイコンだったら、根が太らずに葉だけが太ったりするものが出てきてしまうものである。

収穫時に窒素が切れるように

そこで、私の施肥の基本を一言でいえば、収穫期に窒素が切れる生育にすることである。使う肥料は鶏糞だけ。しかし、鶏糞など有機質肥料による栽培では肥効コントロールがしにくく、生長促進に施した窒素がいつまでも効いているような栽培が多い。そのために、生育が乱れて不健康になり、病気が出る、虫が寄ってくる、そして味はまずくなる。

一般に、有機栽培では、施肥技術が未確立

野菜づくりで気をつけていること

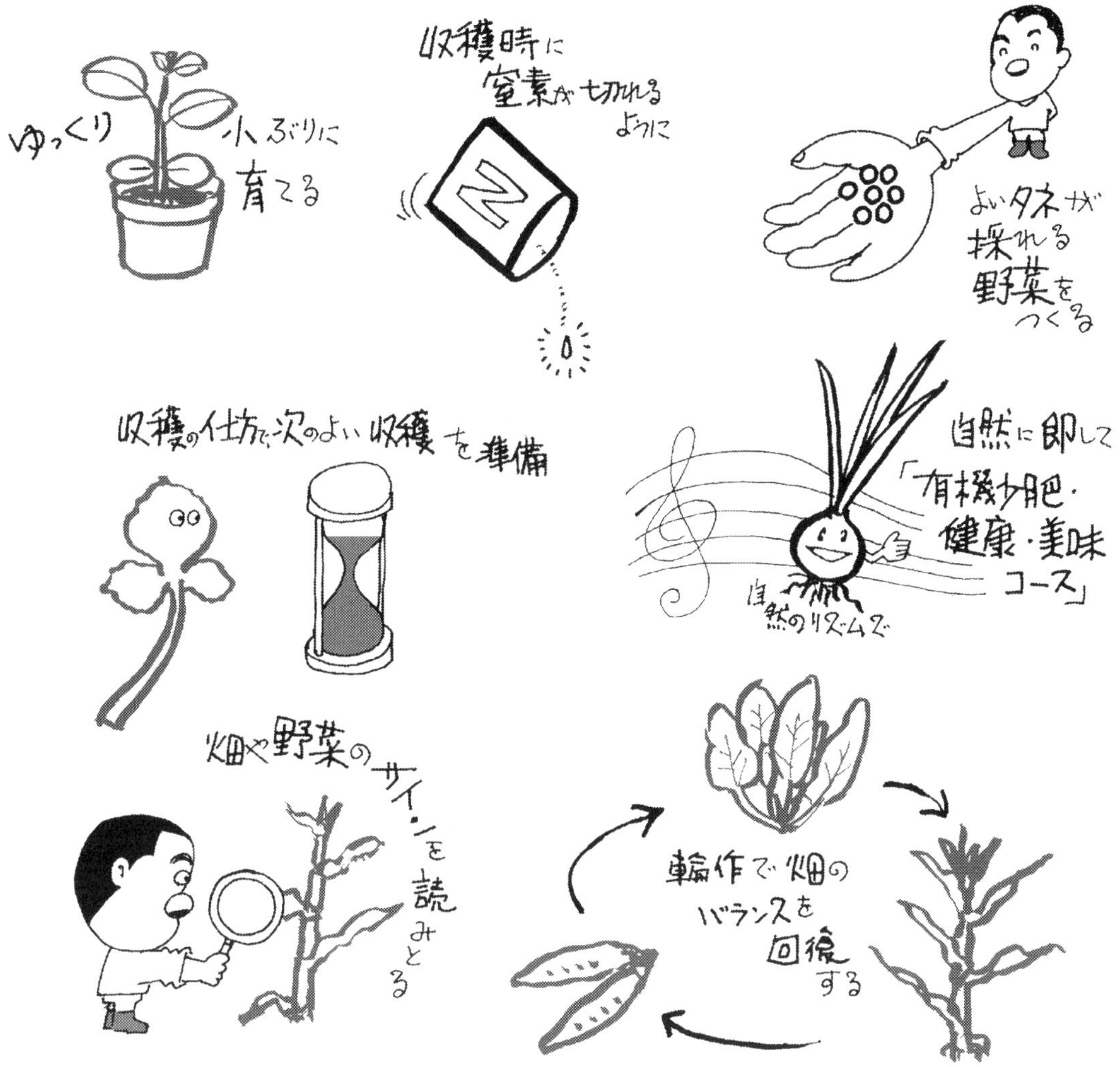

写真1-8　よいタネの採れる生育をいつもめざす。写真は採種用のちりめんカラシナ（K）

ともいえる。

私はかつて、元肥をゼロにして、肥料は鶏糞追肥だけの栽培をくり返し、どの野菜がいつ、どのくらい肥料をほしいかを試験し、生育を観察した。これをほぼ六年続けて、六〇品目の野菜の性格がだいたいわかり、野菜のどのようなサインのとき、どのタイミングで鶏糞追肥したらいいか、最終追肥をいつやれば収穫時に窒素が切れるかがつかめたと思っている（写真1-9）。

ただし現在は、追肥だけでつくるのは手間がかかりすぎるので、元肥と追肥を組み合わせている。畑や品目にもよるが、たとえば、最初に元肥で鶏糞を約四割施し、定植後に株元に二割（初期の根を伸ばすため）、その後、タイミングをみてうね肩や通路に追肥一、二回で約四割、というつくり方が標準になっている。

写真1-9　収穫時に窒素が切れるように。スイカはピンポン玉のころ、葉色やツル先で養分状態をみて追肥を決める（K）

ただし、野菜が出す肥料を求めるサインを読んで追肥を決めることが基本であり、サインによっては追肥をしない判断もある。具体的には、パート3でご紹介する。

ゆっくり小ぶりに育てる

元肥ゼロ・追肥試験などを通じて、それぞれの野菜の目標となる生育コースと姿、さらにはおいしさがのって収穫適期となる色・形の変化がはっきりとしてきた。

そのなかでどの野菜にとっても大事なのは、ゆっくり小ぶりに育てることである。とにかく、生育初期は急かしてはいけない。私の栽培は育苗も長く、ナスなどの果菜類は一月下旬に播種して、鉢上げから二カ月くらい小さいポットでじっくり育てる。

定植後もゆっくりじっくり大きくする。いや、大きくなるのを待つといったほうが正しい。購入した悪い苗の場合は、さらに急かさないことが大切である。

野菜の持っている力をじっくりみながら待ってやると、だんだん追肥できるような状態になってくる。調整はそれからしてやれば十分で、最後は開花力・着果力のある丈夫な樹に育っていく。とにかく「肥料で大きくする」のはいけない。

小ぶりという点では、私の果菜類は、草丈が低く節間が短かい。そのため、同じ草丈で採れる果実数（着果節）が多い。たとえば、八丈オクラ（写真1-10）は、一番花が地上四〇cmくらいのところにつき、その上の節間は五～一〇cmと短く、秋遅くまで収穫可能で、十月末には草丈一六〇～一七〇cmで、一八段目くらいの収穫となる。

ふつう栽培では節間一五cmほどで、草丈二mを超えるのに対して、収穫段数が多く、かつ作業性がよく長期採りができる。

無駄のない生育だから持てる力を最大に発揮する、といったらいいだろうか。その結果として、味は先ほど述べたように、甘味があるとお客さんが驚くほどだ。

自然にそくして「有機少肥・健康・美味コース」

次に大事にしているのは、自然にそくしてつくることだ。いままで野菜をつくってきたなかで、自然には自然のリズムがあり、それにそくして栽培することで、野菜や畑に負担をかけずにつくれることがわかってきた。

たとえば、ナバナやタマネギなどの秋冬野

写真1-10　小ぶりで着果節が多く長期採りできる八丈オクラ。右写真の指先は一番花の収穫跡（K）

写真1-11　ナバナの土寄せ・追肥
11月中に3番花収穫までのすべての肥料を与える（K）

菜では、私は周囲の山を見てクヌギの葉が落ちるころまでに追肥をするようにしている。それが、当地ではだいたい十一月いっぱいか遅くても十二月初めまでだ。

ナバナの場合、十二月末から一月いっぱいが一番花の収穫で、一週間ほどおいて二月いっぱいが二番花、二月下旬から三月いっぱいが三番花の収穫となる。二番花はとくに甘味があっておいしく、三番花は水分が上がる季節なのでみずみずしさが喜ばれる。

この三番花までの肥料を、十二月までに効かせ、あとは株の力で収穫するのである（写真1－11）。十二月遅くや新年以降に肥料をやると、一時的に収量は上がるが、春先に肥料がドカ効きして、病気が出たり、味が悪くなったりする。せっかくお客さんが喜んでくれる甘味・みずみずしさが出ず、楽しみに応えられない。

また肥料で株を大きく育てると、あとあと肥料をたくさんほしがって追肥が必要になり、「多肥・不健康・食味低下コース」に陥ってしまうので、追肥は少なめに年内早く終えて、小ぶりの生育をさせるのである。

私の鶏糞の投入量は、窒素成分で普通の栽

培の半分とか三分の一である。「有機少肥・健康・美味コース」が基本的な目標である。

春先に肥料が急に効くのは木の新芽がぷくっとふくらみはじめる二月上旬ころで、木が水を吸い上げる時期。それまではじっとしている。畑の野菜も同じで、冬はそんなに肥料を吸わない。このようなリズムを考えながら育てると、味ものり、病気にもなりにくくなる。

輪作で畑のバランスを回復する

私が使う肥料は鶏糞であるが、それだけだと畑の養分バランスが少しずつ崩れていく。そのバランスをもどす方法のひとつが輪作だと思う。

ある野菜では吸えずに土にたまってしまった養分も、別の野菜をつくることで再び吸えるようになる。また、それぞれの野菜の収穫残渣を土にもどすことで、ミネラルや微量要素なども還元され自然にまわっていくことになる。私も以前はこのような考えがなかったので、肥料をたくさん入れて野菜を採ろうとしていたが、どうしてもよい野菜、おいしい野菜ができなかった。

どんな野菜をどういう順番で植えたらいいか、輪作のローテーションについては、基本的には野菜の生育状況や、雑草の種類・繁茂の程度を見て判断する。私にとって、雑草は大事な指標であり「輪作作物」である。

私の輪作では、とくに、もっとも養分バランスがとれ負担力のある土を求めるショウガや長期採りナスがつくりやすい畑になるように、トウモロコシなどイネ科作物を入れ、雑草の力も借りて改善していくことがターゲットになる（写真1−12、13）。詳しくは四五ページを参照していただきたい。

収穫のし方で、次のよい収穫を準備

収穫作業は、その時点で野菜を採ることだけでなく、いつどこで切るかによって次の生長と採れ方が決まる。だから、収穫は次の収穫をスムーズにするための準備であり、いわば整枝・せん定のような重要な作業である。

私は、ナバナ・クウシンサイ・タカナ・コブタカナ・シュンギク・ルッコラ・秋セロリーなど葉菜類の

写真1-12　ショウガやナスのよく育つ畑をつくる（K）

写真1-13　トウモロコシと雑草で養分バランスを回復中（K）

多くを、一回収穫でなく、かき菜（摘み菜）で収穫して、宅配ボックスに入れている。これだと長期収穫になり、届ける種類も多くでき、お客さんにとっては料理に使いやすく、楽しみが長く続くという宅配の重要技術だと考えている。

だから、かき菜することで、株がさらに元気になり、おいしく品質のよいものの収穫が繰り返し続けられることが大切だ。そのために、うねのスペースが空いたほうへ株が広がって伸びるように、三芽とか四芽残して、外芽で切るなど、野菜の種類と生育状況をみながらかき菜する（写真1－14）。

ナスなどの果菜類は収穫を少し遅らせて実を太らせることで樹勢を落としたり、少し早めることで樹勢を強くしたりする。また、樹勢が強くなった樹は、元気に夏越しできるので、秋口からの収穫で力を発揮してもらうという使い方もある。

写真1-14　収穫のし方で株をつくり長期採りするクウシンサイ（K）

このように、収穫のし方で長期採りが可能になる。また、収穫は株を見ながらやるので、肥料や水の状態、株の混み具合などを確認するいい機会である。

畑や野菜のサインを読みとる

私がいちばん大切だと思っていることは、「畑や野菜を見る」ことである。耕うん、播種・定植、草引き（除草）、土寄せ、追肥、整枝・せん定、収穫など、どのような作業をするにもタイミングが大事であるが、そのタイミングをつかむためには畑の状態、野菜の状態をみきわめる目が必要である。これを身につけるのに私は一〇年以上かかった。

野菜の生長ぶりや姿・色の変化、雑草の種類や繁茂の程度など、野菜も雑草もつねにサインを送っている。それぞれの野菜によってサインの着眼点は少しずつちがう。

この点について具体的な見方は、二八ページおよびパート3の各野菜の解説のなかで触れていきたい。しかし、野菜と畑の見方は、これからもまだまだ深く追究しなければならないと思う。

私の農業の歩みと学んだ先生たち

化学肥料・農薬依存から有機栽培へ

私が就農したのは、二十数年前の二一歳のとき。農業大学校時代に「農業はきつくてたいへんだよー」と楽しそうに語る先輩農家に何人も出会い、「そんなに楽しいなら自分でやろう」と思いを決めたのだった。希望に燃えて最初に取り組んだのは、当時流行していた米ナスで、農薬も化学肥料もたっぷり使う慣行栽培だった。

ところが、はじめの三年くらいは楽しくできたが、五年目くらいから「こんなつくり方でよいのか」と思うようになってきた。ナスは食べても苦いし、形もいびつ。連作障害、青枯病が出て収量は三割減。農薬を散布したあとに身体がだるいのもイヤだった。「こういう農業じゃ、野菜に対して悪いな。申し訳ないな」という感覚が生まれた。

その後、地域で有機農業に取り組む動きが出てきて、私もそちらに変え、米ナスは八年で止めて有機・無農薬の多品目栽培に移行した。「野菜が喜ぶ農業がしたい」という思いひとつで取り組んだ。

野菜が喜ぶ農業を求めて迷いの日々

しかし、有機・無農薬になって当初は収入が半減し、それは苦難の道だった。でも、野菜が「健康になりたい」と言っていると思い、引き返そうという気はおきなかった。化学肥料も農薬も止めて、野菜は前よりは喜んでくれているようではあったが、まだしっくりこなかった。

堆肥や有機質肥料を大量に入れて、病気が出たら木酢や自然農薬系の資材をかける……そういう農業でいいのか？　経費ばかりかさんで、原理は化学肥料＋農薬の体系と何ら変わらないのではないのか？　そんな迷いの日々が続いた。

影響を受けた三人の先生

このころ、私はいろいろな本を読みあさり、勉強会にも参加した。それでとくに影響を受けた先生は三人。永田農法の永田照喜治さん、ジャパンバイオファームの小祝政明さん、なずなの会の赤峰勝人さんだった。

しめづくりで野菜の力を引き出す　永田さんには「しめづくり」のノウハウを教わるなかで、作物の見方も教えてもらったように思う。水を控えて「しめる」ことで、野菜の力を引き出す感覚は新鮮だった。永田さんに最初に来てもらったのは、まだ米ナスをつくっているころだったが、「こんなアクの強いナスをつくっていたらダメだ。売り物にならない！」と酷評された記憶もある。

水は大切な栄養素　小祝さんに出会ったのは、有機栽培にして自信を失っていたころだった。感覚だけでやってきたこれまでの自分の農業を、小祝さんは数値で科学的に把握して明快に指導してくれそうな気がした。

一番よかったと思うのは、「水は大事な栄養素のひとつ」という話を聞いたこと。「水は炭水化物をつくる光合成の原料なのだから、大事にしないといけない。窒素・リン酸・カリなどと同ランクで水がある」と教わって、目の前の霧がフワーッと晴れた。永田さんの水を切る「しめづくり」とは別の世界がそこにはあって、野菜が喜ぶ顔が浮かんだ。だが小祝さんの「数値で把握する科学的有機農業」には、ついていけなかった。

草を活かす農業　ちょうどそのころ、大分県の有機農家・赤峰勝人さんの話を聞く機会があった。赤峰さんは草や菌や虫をたいせつにし、自然の循環のなかで、人間も自然の一部として調和しながら農業をすることを説かれていて、とてもしっくりくるものがあった。著書の『ニンジンから宇宙へ』『循環農法』（どちらも、なずなワールド発行）は、何度となく読んだ。そのなかで、草は畑をよくしようとして生えてきて、ミネラルをたくさん供給してくれる存在だという話が印象的だった。

イネ科などの硬い草は、やせた畑を肥やそうとして生えてくる草。いっぽうハコベやナズナなどのやわらかい草は肥えた畑に生える草。このことを知ってから、私の輪作体系は、草を指標に次作物が決定されるようになった。

「昔の人」の自然の一部としての農業に学ぶ

三人の先生のほか、私が大きな影響を受けたと思っているのは「昔の人の農業」だ。

米ナスをつくり出したころから、母や祖母、まわりのおばあさんたちの作業のし方がおもしろくて、基本的なことをいろいろ学んだ。機械がなかったころの鍬の使い方、うね上げの方法、落ち葉肥料のつくり方、株元への少量施肥方法、細かいタネのまき方、自家採種法など、忘れ去られかけた技術がたくさん息づいていた。

それらはすべて、いま私がモットーとして取り組んでいる「自然の流れのなかで、人間も自然の一部としてやる農業」の具体的な形だった。

写真1-15　78歳現役の母、いまも学ぶことが多い（K）

3 野菜のサインを読んで元気追肥、おいしく収穫

「野菜に素直に寄り添う農業」「自然の流れのなかで、人間も自然の一部なってやる農業」にとって、野菜と畑のサインを読みとって作業することが基本である。施肥は野菜が「肥料をくれ」というサイン、収穫は野菜が「これからだね」というサインを読みとって行なうわけである。

1 追肥のタイミングを教えるサイン

たとえば、十一月初めにタネまきしたカブは、ある時期になると栄養生長と生殖生長をくり返すような感じになって、肥料がたりないとトウ立ちしたがる。そのサインは、朝見るとよくわかり、葉の緑が明るくなって全体的に黄色っぽく見える。そのときが肥料を吸い上げる時期で、ここで追肥するとムダなく効果的に効かせられる。

このような追肥のタイミングをはかるサインは、野菜の種類によって、葉や花の形態、色の変化、同居している雑草の状態など、着眼点に特徴がある。主なものを挙げると次のようである。

形の変化を読む

ナス・ピーマンなどでは、花の雌しべと雄しべの長さにあらわれ、長花柱花（雌しべが雄しべより長い）だと肥料が十分効いており、中花柱花（雌しべ・雄しべが同じ長さ）になると肥料不足がすぐくるので、その一歩前で追肥が必要だ。

また、花から枝の先端までの長さにもあらわれ、青ナスでは二五～三〇センチ、水ナス・長ナスでは二〇～二五センチくらいがよ

写真1-16　ナスの雌しべ。中花柱花になる前に追肥（K）

写真1-17　ナスの花から先端までの長さ。25センチ前後が適樹勢（K）

追肥のタイミングを教えるサイン

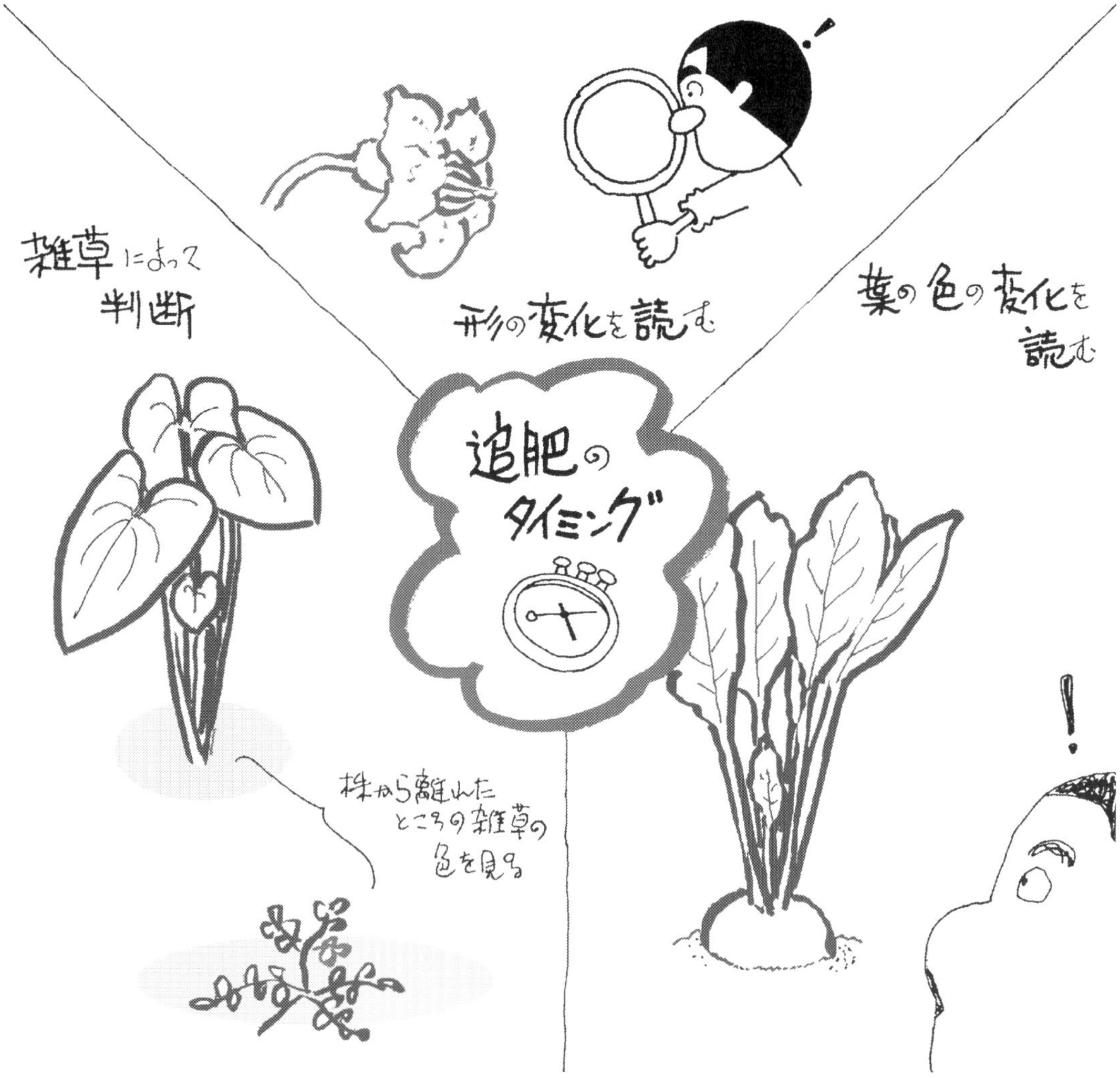

い状態で、これより短いと肥料不足、長すぎると肥料が効きすぎと判断する（写真1-16、17）。

オクラは肥料の過不足が葉の形にあらわれる。刻みが激しく葉脈だけのようになるのは肥料不足、刻みが少なくふっくらしているのは肥料が多い状態である（写真1-18）。

ニラは、収穫時の葉の切り口で判断する。楕円形で大きいのは肥料がほどよく効いて順調に育っている。丸くなるのは分げつのはじまりのサイン、楕円形で中心が緑がかって見えるのは花芽がついたサインで、どちらの場合も追肥が必要になる。

葉の色の変化を読む

前記のカブのように葉の色の変化を見て、追肥の判断をする葉菜・根菜は多い。とくに、中心部の新葉が黄色になることが追肥のサインとなる（パート3の各野菜の解説を参照）。

ショウガは、それほど鮮明な変化ではないが、肥料が不足しはじめると先端から四～五枚目の新葉の色が淡くなってくる。常に新葉の緑色が抜けないように管理する。

ラッカセイで葉色が淡くなるのは肥料切れで、根傷みも原因である。変化が数株にとどまり、まわりの雑草が緑で元気なら根傷みなので、追肥は必要なし、一〇株二〇株とまとまって黄色が淡くなっているのは肥料不足なので、その近辺に鶏糞を置き肥する。

　ニンジンは、生育前半は葉色が薄めに経過し、後半は緑が濃くなってくる時期なので、収穫直前まで新葉の色が若竹色を保つように管理する。

写真1-18　オクラの葉　刻みが強いのは窒素不足（上）、ふっくらしているのは窒素多め（下）（K）

雑草によって判断

　雑草の葉色の変化も大事なサインである。サトイモでは、株から離れたところの雑草の色が薄くなってきたときに、株の大きいものには多めに、小さいものには少なめに鶏糞の追肥をする（写真1－20）。

　スナップエンドウは冬に一回追肥するが、時期が遅れると暖かくなってドカ効きして、虫や病気が出て収量が減り苦味が出てしまう。エンドウが活発に動き出す時期は、寒さに強いホトケノザの開花とほぼ一致しているようなので、その赤い花が見える二月初めころに追肥する（カラー口絵三ページ）。

　なお、元肥中心で追肥は少なくしている野菜も多く、たとえば、ちりめんカラシナ・シュンギク・ゴボウ・ダイコンなどはその主なものである。

写真1-19　カブ：葉が明るく黄色味をもったら追肥（K）

2 おいしさがのる収穫適期のサイン

お客さんが食べておいしい、甘い、香りがよいと感じる野菜になったかどうか、そのタイミングすなわち収穫適期も野菜のサインにあらわれる。

葉の色が微妙に白や黄色味を帯びる

たとえば、ナバナは花芽分化して花蕾の立ち上がる準備ができたころに、株を上からのぞくと、中が白っぽく見える。よく見るとわかるが、花蕾のすぐ脇から出る新しい葉の表面に粉が吹いた感じで白くなる。これは、おそらく葉の表面の小さい産毛がたくさん生えているからで、子孫を残すために花を守ろうとする姿だと思う。

このような姿をみせるナバナは、味がのり、甘みも増して、ものすごくうまくなる（写真1－21）。

ところが、肥料を多くやると新葉の色は花芽発育のときも緑のまま。窒素が効けば外葉も大きくなって、軟腐病もつきやすくなり、

写真1-20　サトイモ：株から離れたところの雑草の色を見て追肥（K）

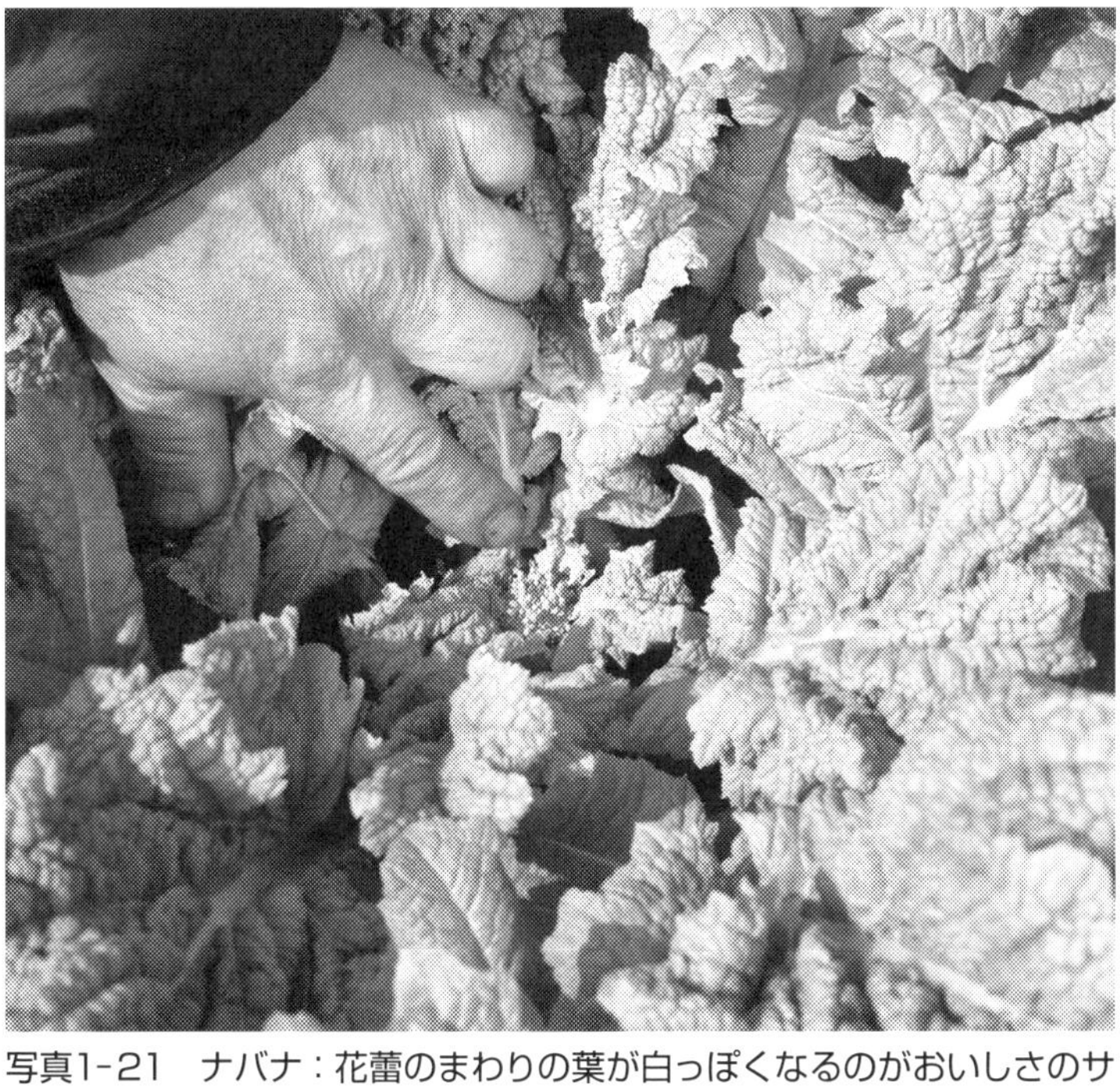

写真1-21　ナバナ：花蕾のまわりの葉が白っぽくなるのがおいしさのサイン（K）

また凍害も出やすい。そして何より、味が薄くて、苦味も強くなる。とくに化成肥料で窒素を効かせた場合と、私の産毛がたくさん生えて白っぽいナバナとでは、味はぜんぜんちがう。

ハクサイは、葉の緑色を少し濃いめにつくっていくが、収穫期が近づくと少し色が落ちる。そして、朝の気温が一〇℃くらいに下がって二週間くらいでおいしくなる。

シュンギクは、かき菜収穫をくり返すが、これも新葉の色が薄く黄色っぽくなるようにつくるとおいしく収穫できる（写真1-22）。カブも同様に新葉が黄色っぽくなるのが収穫のサインだ。白ダイコンは真っ白よりクリーム色がかったもの、また収穫時期に葉が小さく根が大きく見えるように育ったものがおいしい。

写真1-22　シュンギク：新葉の色が黄色っぽくなったらおいしい（K）

写真1-23　万願寺トウガラシ：首のくびれが強くなるのが収穫適期サイン（K）

果実にあらわれるおいしさのサイン

果菜では果実がサインを送ってくる。たと

えば、万願寺トウガラシは、首の部分がはっきりくびれてきたとき（とくに涼しい季節）、ゴーヤではイボイボの先が丸みをもったときが収穫適期だ（写真1－23、24）。

ナスは果実のヘタ部分から、色が白－紫－黒の縞になっているが、白は前夜から朝に肥大した部分、紫は一日前の朝に肥大した部分である。この縞の幅が広く色のちがいがはっきりしているときは、樹の状態がよく実に最大に栄養を送り込んでいるサインである。幅が狭く不鮮明なのは樹が疲れている状態なので、回復策が必要になる。

このような、野菜一つひとつのおいしさのサインを見ながら収穫し、お客さん家族が喜んで料理し食べる姿を想像しながら、箱に詰めていくのは、直送・宅配の醍醐味のひとつである。

写真1-24　ゴーヤ：イボイボの先が丸くなるのが収穫適期サイン（K）

写真1-25　ナス：ヘタ部分の色縞が幅広くくっきりしているのが肥大順調（K）

4 宅配の魅力をつくり出す「共生菜園」

お客さんにもうれしい多面的効果

宅配ボックスは、どの季節にも一〇品目以上入れて、果菜・葉根菜・豆類・いも類・香辛野菜などバラエティがあり、お客さんの食卓がより豊かになる中身にしたい。

桐島畑は、たくさんの種類の野菜を輪作・間混作し、そこに雑草も仲間に加わった「共生菜園」だ。一見、野菜が草に埋もれて、手がまわらず雑然とした畑という印象も免れないが、輪作・間混作の共生菜園は、宅配ボックスの品ぞろえの多品目栽培に向いている。

それだけでなく、届けられる期間の延長、野菜の一生と生産物の丸ごと利用、共生育ちがつくるやわらかさ、野性味のあるおいしさ・香り、雑草による虫害回避（六九ページ参照）で農薬にたよらない安全性などなど、お客さんにとって多面的な魅力をつくれると思う。

トウモロコシ下の青ジソ　真夏にもやわらか収穫

写真1-26は、トウモロコシの間混作にシソが育っている様子。育てているというより、前年のタネからひとりでに生えてくる（己《おのれ》生《ば》え）ものだ。この葉を摘んで香り野菜として出荷する。

写真1-26　トウモロコシ畑に生える青ジソ。やわらかく長期採り（K）

トウモロコシを私は草丈一・五メートルくらいと普通よりかなり低く育て、六月中旬の収穫後も樹をそのまま置いておく。小ぶりのトウモロコシの木漏れ日が青ジソにとってほどよいようで、普通の畑だと七月下旬から八月には葉が硬くなり収穫が終わるところを、八月末まで摘める。

そのあと開花して、タネがこぼれる。連作が続くとよくないので、翌年は一うねずつずらすように耕うんして、青ジソの株を残すようにしている。なお、トウモロコシの前にはナス・オクラなどをつくる輪作となるので、シソはこれらの間混作となることもあり、効果は同じである。

多品目の楽しみを長〜く届ける

前にも述べたように、クウシンサイ・モロヘイヤ・シュンギク・秋セロリー・ルッコラ・ナバナ・コブタカナ・ちりめんカラシナ・赤カラシナ・ニンジンなど多くの葉菜・根菜は、間引き出荷やかき菜出荷する。これで珍しい野菜もはいった多品目出荷ができ、宅配のお客さんに喜ばれている（写真1－27、28）。ナバナは同じ株で、十二月から三月までに三番花まで採れて、おいしく甘いものを長期出荷できる（一二三ページ参照）。

いっぽう、一回収穫のコマツナ・チンゲンサイ・ミズナなどは、何回か播種するリレー生産と混作をこまめに行ない、収穫を切らさないようにしている。写真1－29は、秋から冬にかけて、同じうねでミズナ・チンゲンサイ・小カブを条まき混作している例である。隣のうねでは、コマツナとコブタカナ（己生え）を混作しており、十二月から一月中旬までコマツナを収穫し、そのあと四月中旬までコブタカナを収穫する。いずれも、株が小さいうちから間引き収穫・出荷することで、期間を長くすることができる。

果菜では、キュウリは比較的短期栽培なので、定植回数を増やしてつないでゆく。これに対してナス・ピーマン・シシトウ・オクラなどは節間を短く育てて、段数を増やす形で長期採りをしている（一二一ページ参照）。

写真1-27　かき菜出荷のちりめんカラシナ（K）

写真1-29　ミズナ・チンゲンサイ・小カブの条まき混作（K）

写真1-28　珍しい赤カラシナもかき菜を宅配にチョッと入れると喜ばれる（K）

同じ野菜のいろいろな楽しみを届ける

同じように鶏糞施肥しても、天候や畑条件によって肥効と生産物のできにちがいがあらわれる。そんな場合、たとえばゴボウだと、湿った畑でやわらかめに育ったものはサラダ用に、乾燥畑で葉が黄色に根がしっかり育ったものはキンピラなどの煮物用にと、分けて届けるようにする（写真1－30）。

ニンニクは、はじめから球を採るための株間に植えるうねと、ばらまきするうねとがある。後者は間引きで葉ニンニクを出荷しながら、株間を広げていって球を収穫する（写真1－31）。お客さんのニンニクの楽しみ方と宅配期間が広がっている。

また、ラッカセイは採ってすぐのものを湯がいて食べてもらうように送り、あとは乾燥してから送ってピーナッツで楽しんでもらう。茎レタスもサラダ・酢の物・中華炒めなどの生食用と、乾燥させたヤマクラゲの二段階出荷である。

宅配では、スイカなど大きくなると送りにくいので、小さく、甘くつくりたい。小玉品種を使い、一株に五個と多めにつけて、実がピンポン玉くらいになる前に、ツルの先端で樹勢を見ながら、除草・少量追肥をしてスイカに効かせて樹をつくっていく。

写真1-30　ゴボウ：育ち方でサラダ用とキンピラ用に分けて送る（K）

写真1-31　ニンニクは葉ニンニクから宅配に入れる
手前のうねがばらまきで、右の写真のように間引きして葉ニンニクで出荷していく（K）

パート 2

有機・無農薬で健康・美味に育てるポイント

十和ダイコンのタネ採り（K）

① 鶏糞で有機少肥栽培の実際

前章で述べたように、二〇年余り前に私が就農したときは、米ナスを中心とした化学肥料・農薬を使う農業だった。しかし、数年して野菜や自分のつくり方に限界を感じるようになって、少しずつ農薬・化学肥料を減らし、この一〇年余りは有機農業である。

1 鶏糞活用の背景

―多資材有機栽培への反省から、鶏糞で少肥栽培へ

私の有機農業もはじめのころは野菜がうまくできず、多くの資材を使った。しかし、あまり効果がみえなかったし、かなり高価なものが多かったので、鶏糞を多く使うようになった。いまは鶏糞だけの少量施肥で、あとは野菜に任せて、私はほんの少し手助けをするだけである。もともと野菜は自分で肥料をつくったり、肥料をつかもうとしたりする力がある。

野菜も最後には種子や芋などで自分の子孫を残すことに力を注ぐ。水や肥料が切れたり、寒くなったりと、その条件は野菜によってちがうものの、自分の体を枯らしながら実をつける。この自然の営みを乱さないよう手助けするということが私の農業のすべての基礎になっている。

また、いまになって、慣行農法に教えてもらった野菜づくりの基本みたいなもの、野菜の見方や、どのタイミングで肥料や水を効かせたらいいかなどが役に立っている。

その結果、鶏糞施肥といっても、施す量は窒素成分量で、慣行栽培の半分とか三分の一ときわめて少肥である。少ない肥料を野菜に最大・有効に活かしてもらうのである。

私はこの方法で六〇種類以上の野菜をつくり、個人のお客さんやレストランなどに宅配して、自然な野菜のおいしさや香りが喜ばれ、皆さんが待ってくれている。ここでは、鶏糞施肥＝有機少肥の方法と、それを活かす畑管理の諸技術を紹介する。

2 私の鶏糞の利用法

利用する鶏糞の選択基準

私の使っている鶏糞は決して完熟したものではない。鶏糞を使う一番のねらいは安さで、近くの農協で一袋一五kg入り一二五円のものを使っている。しかし、追肥などで野菜の近くに施すときなどは、ホームセンターで買ってきた一四〇円のものを使うようにしている。

鶏糞は、粒が大きくて扱いやすいことや、

菌がまわって白くなっていることを基準に選んでいる。できれば二〜三カ月寝かせて使うといいと思う。しかし、今は鶏糞の値段も少しずつ上がっているので、使う時期や場所に工夫を凝らすことで、もっと安いものを使ってみたいとも思っている。

それで最近、粉状の乾燥・発酵鶏糞を使うことも増えてきた（写真2－2）。これは、値段は安く、元肥には使いやすい。追肥の大事な場面では、以前からの粒状の鶏糞を使う。

私の鶏糞の使い方には、次の四つのポイントがある。

①未完熟の鶏糞であるこ

写真2-1　私が使っている鶏糞（A）

写真2-2　最近使い出した粉状の乾燥鶏糞（K）

とを心にとめて使う＝スポット施肥
②畑の草、野菜残渣などを畑へ返す
③鶏糞施肥には必ず輪作を併用する
④灌水で施肥効果を引き出す

以下、これらの内容について具体的にご紹介する。

鶏糞のスポット施肥

完熟していない肥料を使うコツは、一度に多用しないこと、時期や位置といったポイントを逃さずに施すことである（図2－1）。そのポイントは、野菜の種類、色や大きさ、近くに生えている雑草の種類や色など、微妙にちがう畑の表情・野菜のサインを読んで探っていく（二八ページおよびパート3の各野菜のページ参照）。

鶏糞を使う量は、同じ野菜でも畑の状態やタネをまく時期によってちがう。春は温度が高くなっているので肥料が効きやすく少量で生長するが、秋は温度が低くなっていくので多く施す。ただし、春になればドカ効きするので、やりすぎに注意する。また、鶏糞は、畑の全面にまいたり、土の中に入れたりしない（写真2－3）。これは草に肥料を与えないためと、野菜が吸い上げる以上の肥料を川へ流れ込ませないためである。

鶏糞の使い方４つのポイント

鶏糞施肥には必ず輪作を併用する
輪作のローテーション！
未完熟の鶏糞であることを心にとめて使う
根の先端があるところを想像してまこう
灌水で施肥効果を引き出す
野菜にとって水は肥料の一つ！
畑の草，野菜残渣などを畑へ返す
畑

元肥は耕うん時にうね部分に鶏糞を施し、そのあと一回目の鶏糞は、タネまきや定植と同時に、タネ・苗から二～五cm離れたところに施す。このとき、タネが条まきなら鶏糞も条まきに、点まきなら点まきにする。品目によってもちがうが、小さいタネ・苗の場合は近くへ、大きいタネ・苗の場合は遠くへ鶏糞をまくのがよい。小さいタネ・苗は根の張りが遅く、鶏糞のある位置まで根が達するのに時間がかかるからである。

二回目の鶏糞追肥は株間かうね間にまく。一条植えで株間が遠い野菜は株間に、二条植

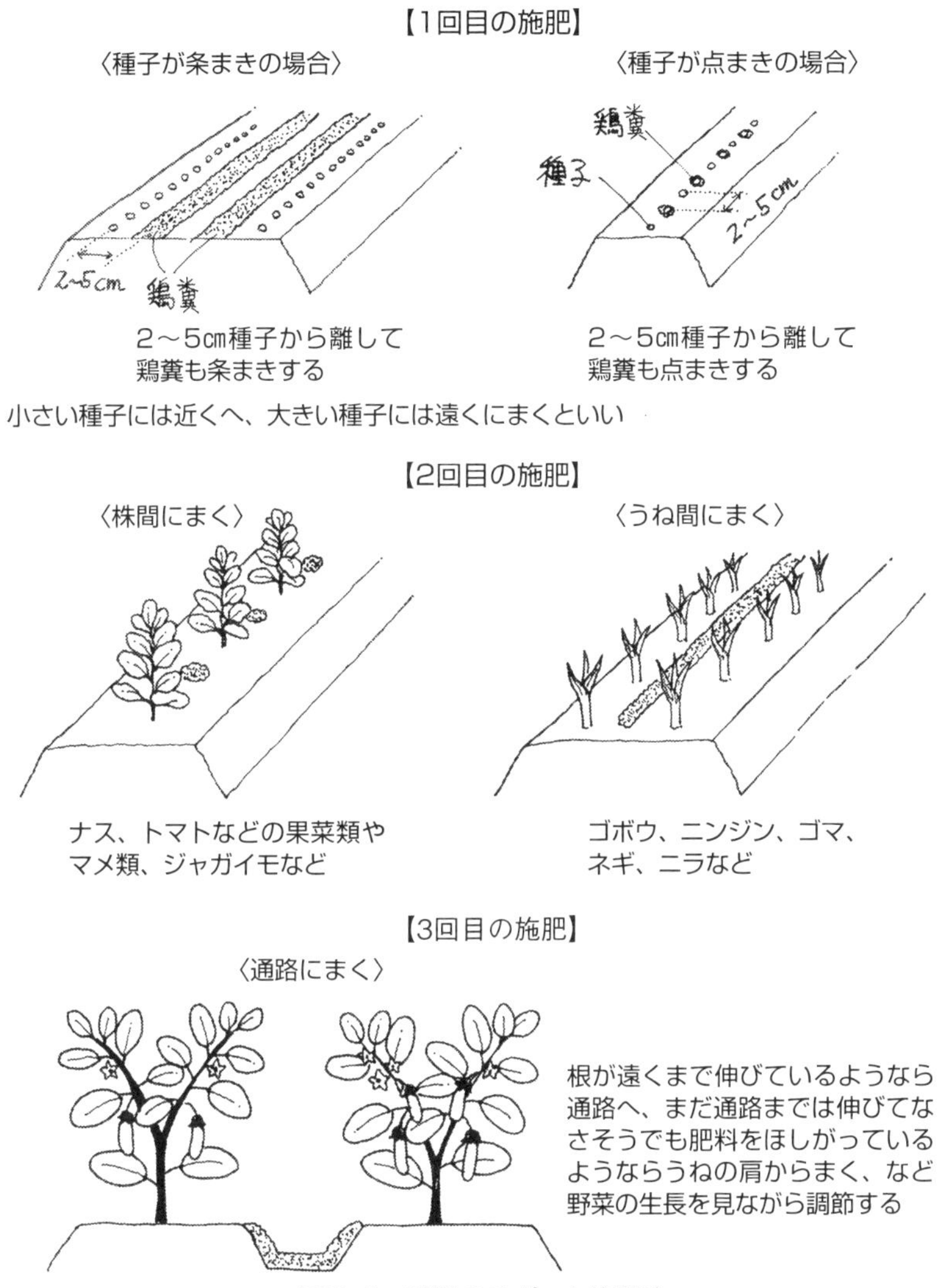

【1回目の施肥】
〈種子が条まきの場合〉
2~5cm
鶏糞
2～5cm種子から離して
鶏糞も条まきする
〈種子が点まきの場合〉
鶏糞
種子
2~5cm
2～5cm種子から離して
鶏糞も点まきする
小さい種子には近くへ、大きい種子には遠くにまくといい
【2回目の施肥】
〈株間にまく〉
ナス、トマトなどの果菜類や
マメ類、ジャガイモなど
〈うね間にまく〉
ゴボウ、ニンジン、ゴマ、
ネギ、ニラなど
【3回目の施肥】
〈通路にまく〉
根が遠くまで伸びているようなら
通路へ、まだ通路までは伸びてな
さそうでも肥料をほしがっている
ようならうねの肩からまく、など
野菜の生長を見ながら調節する

図2-1　鶏糞のスポット施肥法

写真2-3　鶏糞の施し方
鶏糞は、なるべくボコッとまとめて置く。右のように内側に水分が保たれるので、肥料分が逃げにくく、効きやすい。できれば左のように鶏糞の上に刈り草を敷いてやるのもコツ。なるべく水分が飛ばないようにする（A）

えで株間が近い野菜はうね間にまく。一条植えで株間が近い野菜は株の右か左の一〇〜一五cm離れたところへまく。野菜や畑の状態によってもちがうが、時期は播種または定植後二〜三週間目、量は一カ所に二〜三握りくらいである。

　三回目の鶏糞追肥は、野菜の生長によって施すか、施さないかを決める。追肥する場合は通路にまく。このときの量は諸条件でちがう。だいたい三回目で終わるが、果菜類では少しずつ四〜五回に分けて施す。

　鶏糞はいつでも根の先端があるところを想像してまく（写真2-4）。多くの人の場合、株の近くにまきすぎるようである。肥料は多くても少なくても、虫がついたり、病気になったりしやすくなる。肥料は少なければ野菜が育たないし、多ければ味が悪くなる。

　また、草の状態も追肥の目安になる（写真2-5）。

写真2-4　鶏糞を施す位置
シシトウなら1回目は苗の脇、2回目は株と株の中間あたり、3回目は通路のほうと、根っこが伸びる姿を想像しながらまく位置を変える（A）

写真2-5　雑草による追肥タイミングの把握
作物の姿と、まわりの雑草の姿なども見て決める。肥料分が少なくなってくると、まずまわりの雑草の色から変わってる。そうなったらなるべく早く追肥する。作物の色が変わってきてからでは遅い（A）

刈り草や野菜の残渣の還元、利用

　鶏糞を多く使っていると畑に残る肥料分がかたよってくるので、それを防ぐために刈り草や野菜の残渣を畑に還元し利用する。これは、畑から持ち出す肥料分を少なくし、鶏糞の量を少なくするためと、微生物にえさを与えるためでもある。刈り草や残渣のほかにも、米ぬかや炭、稲わら、落ち葉など手に入るものがあれば使ったほうがよい。

　また、五〜六年に一回くらいは少量であるが堆肥や稲わらを使う。

　最近では有機のカルシウムやマグネシウム肥料も少しであるが使う。これらは輪作だけでは補えないからである。とくに鶏糞にあまり含まれていないマグネシウムはやや多めに使う。これからの課題の一つとして輸入マグネシウム肥料を使わなくてもすむようにしたいと思っている。このほかにも堆肥施用と輪作のタイミングをもっとうまく組み合わせたいと思っている。

鶏糞施肥には必ず輪作を併用

作付けは、同じ科の野菜が重ならないように、輪作を心がけている。これも野菜の種類を変えることで、同じ肥料分にかたよって使われないようにするためである。一種類の野菜では吸えない肥料分を別の野菜で吸えるようにし、土中の肥料のかたよりをなおす。

ただし、すべてがうまくいくわけではない。雨が多かったりすると作付けが遅れて輪作できなくなり、同じ科の野菜を植えたりもする。そのときは鶏糞をこまめに与え、稲わらや米ぬかなども入れるようにする。

また、畑の雑草の状態を見ながら野菜の種類を変える。これは畑の肥料分などによって、草の種類が変わってくるからである。養分バランスが崩れてやせてきた畑にはイネ科の草が多いが、こういうところにはイネ科やマメ科の野菜を多く植える。それで土が回復すると、ナズナなどアブラナ科雑草やホトケノザ・アカザ・ツユクサなどが多くなる。こういうところにはアブラナ科やウリ科・ナス科などの野菜を植える。詳しくは四四ページをごらんいただきたい。

灌水の時期・方法・量

灌水のタイミングは鶏糞を施用したときで、すぐに肥料の効果がみえてくる。冬の寒いときは効果の出方が遅いようであるが、夏ならば四日目にはみえてくる。

水のかけ方は全面灌水が効果的だと思う。露地野菜では畑全面に雨が降り、それによって根が畑全面に広がる。肥料をまいたところだけに水をまくのでは、乾燥したとき、水をまいていないところへ根が伸びず、生長が止まってしまう。私はスプリンクラーで全面灌水している。鶏糞施用はスポット、灌水は全面である。

灌水の量は冬と夏とではかなりちがう。真夏だと雨が上がってから四日目には、水がうね間にたまるくらいかける。真冬だと雨上がりから一〇～一五日おいて少しだけ湿るていどにかける。

野菜にとって水は肥料の一つである。水そのものが野菜の中で分解されて炭水化物をつくり、実を結ぶ。水のかけ方一つで野菜の生長が決まる。

3 肥料と水の基本的な考え方

私の農業の基本は、少ない肥料で多くの野菜を育て収穫することにある。これは四万十川に負担をかけないためと、コストダウンを考えてのことであるが、何よりも、このやり方が野菜本来の力を引き出すからである。野菜のおいしさを引き出し、力のある野菜ができると思う。

野菜も子孫をつくるために力を尽くしている。野菜は実や種子をつけるが、その途中を人は採って食べる。そのため、葉を食べる野菜は葉を収穫するときに、野菜がすべての力を葉に注いでいるようにする。根を食べるものは根に力を、実を食べるものは実に力を注げるようにもっていくのが基本である。

そのために、水や肥料分などと光や温度などのバランスを考える。光や温度などはハウスでないとコントロールができないが、露地でも、水は雨が降らないときは灌水などで調節することができる。そして、肥料は唯一、人の手でコントロールできる要素である。野菜の生育状態と、人の手がおよばない光の量や温度などに応じて、施肥や水やりをきちんとコントロールすることである。

② 畑の力を回復する輪作の実際

すでに述べたように、私は鶏糞だけで野菜を育てている。くり返しになるが、同じ畑で同じ肥料を使い、育てる野菜も同じだと吸収する養分も同じになるので、畑の中の養分バランスがかたよってしまう。輪作して野菜を変えれば、いろいろな養分が吸収されて、かたよりを修復することができる。ここで改めて、雑草を含めた輪作について、私なりのやり方をまとめておきたい。

1 あえて連作する野菜もある

基本的には同じ野菜、同じ科の野菜を続けて植えないようにしているが、畑の状態によっては続けて育てる場合がある。たとえば、コブタカナ・ちりめんカラシナ・赤ジソ・青ジソなど畑に落ちたタネが〝己生え〟したものを収穫する場合で、そのほうが生育もよく、手間もかからない。味が悪くなってきたら場所を変えるが、同じ場所でだいたい三、四年採っている。

もうひとつ、サツマイモも数年間同じ畑に植えている。サツマイモは赤土でやせ地を好むので、ほかの野菜のあとだと大きくなりすぎたり、樹ボケ（ツルだけ伸びて芋が太らない）して大きなイモがつかなくなったりする。

写真2-6　サツマイモは数年連作、やせ気味の土でよくできる（K）

ただし、サツマイモも四、五年同じ場所で育てると味が悪くなってくる。そのときはいったん別の野菜を入れる。たとえば、ムギやトウモロコシなどやせ地で育つ作物を入れるか、あるいは草を一年生やして休ませてから植えるようにする。

2 連作すると味が落ちる野菜

野菜の連作をしない大きな理由は味が落ちるからである。連作すると生長が悪くなる、病気や虫がつきやすくなるなどの症状も出てくるが、最初に出る問題は味がのらなくなることである。

とくに味が変わりやすい野菜は、ショウガ・ネギ・ニンニク・タマネギ・ゴボウ・ニンジン・オクラ・トマトなどである。これらはどれも独特の香りと風味をもち、それをお客さんも楽しみにしている野菜なので、連作で風味が悪くなると大事な魅力が失われる。この点は、全般的に冬野菜よりも夏野菜のほうが敏感だと思う。

同じグループ（科）の野菜でも、食べる部位がちがったり、タネをまく時期がちがったりすると、連作の影響が異なってくる。たとえば、セリ科の野菜でニンジンのように根を収穫する野菜は連作するとすぐに風味や甘味がなくなるが、葉を収穫するセロリーやパセリなどは少し多めに肥料を与えてやると二年以上、味を落とさずにつくることができる。

写真2-7　ニンジンなど風味や香りの野菜は必ず輪作（K）

3 雑草を見て何を植えたらいいか決める

有機栽培といえば雑草との闘いでもある。

しかし、私にとって、年間六〇種類もの野菜を育て、毎日一〇種以上切らさず収穫するために、雑草はとても大切な存在である。畑の状態を把握して、次に何を植えたらいいか、雑草が土の状態を教えてくれる。

その見方は、大きくは、イネ科を中心とした硬い草と、ナズナ・ハコベ・ホトケノザなどのやわらかい草とに分けて考える（写真2－8）。

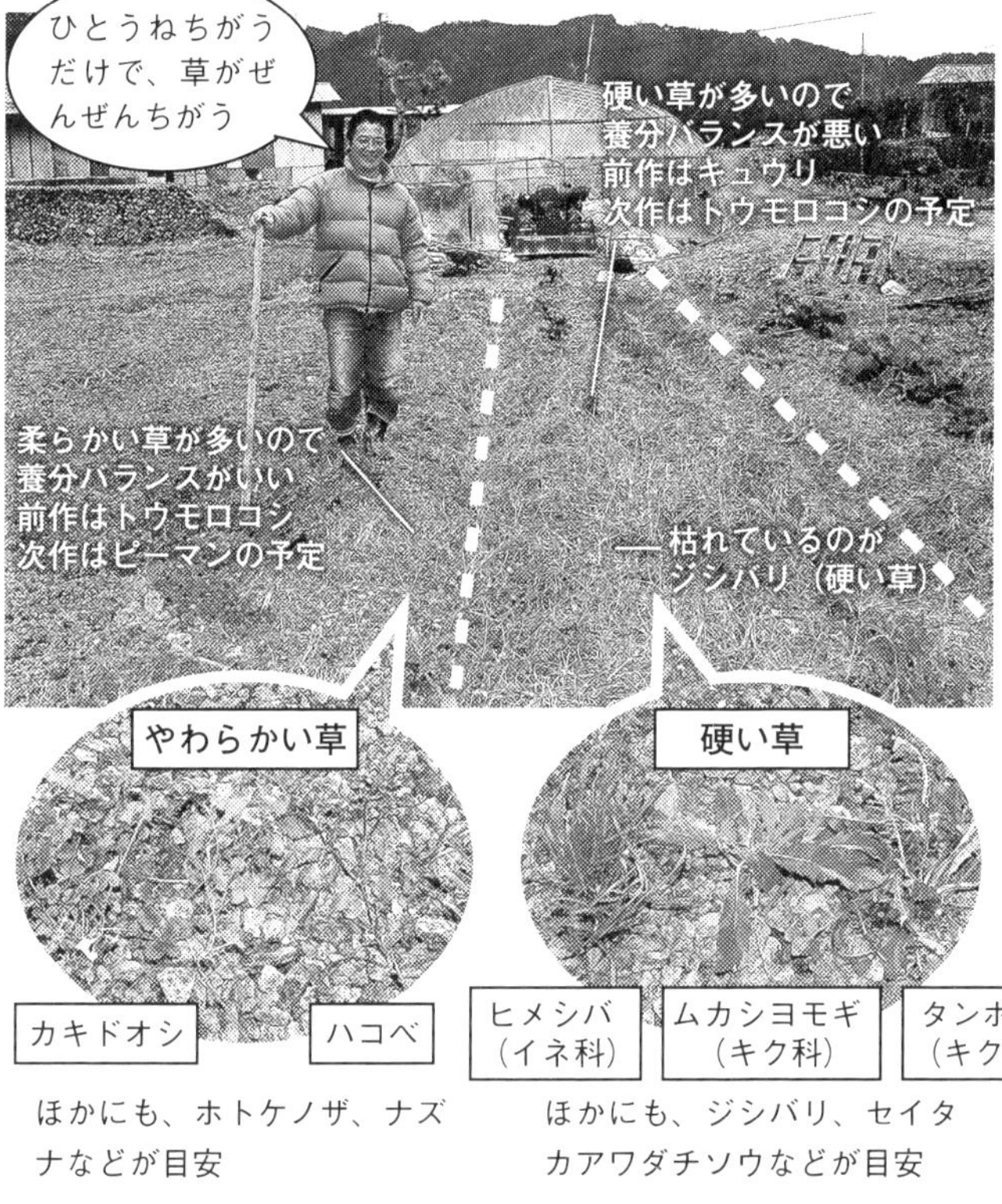
ひとうねちがうだけで、草がぜんぜんちがう
硬い草が多いので養分バランスが悪い前作はキュウリ次作はトウモロコシの予定
柔らかい草が多いので養分バランスがいい前作はトウモロコシ次作はピーマンの予定
枯れているのがジシバリ（硬い草）
やわらかい草
硬い草
カキドオシ
ハコベ
ヒメシバ（イネ科）
ムカシヨモギ（キク科）
タンポポ（キク科）
ほかにも、ホトケノザ、ナズナなどが目安
ほかにも、ジシバリ、セイタカアワダチソウなどが目安
写真2-8　雑草が畑の状態と次の作付け品目を教えてくれる（撮影：農文協）

イネ科雑草が生える土地には、ムギやトウモロコシを植える

イネ科の草はカヤやメヒシバ・ジシバリなどで、畑の土手や山などで地肌がむき出しの

土に最初に生えてくる。イネ科のほか、タンポポやセイタカアワダチソウもそうで、これらの草が育っている場所は、養分バランスが崩れ、肥料分も少ないやせ地が多い。こういう畑はムギやトウモロコシなどのイネ科作物を育てるのに適しており、栽培によって土を改善していく（写真2-9）。また、マメ科野菜・ソバ・オクラなどにも適している。

写真2-9　野菜の味が落ちてきたところやイネ科雑草が生えてきたところにムギを植える（A）

ナズナなどが生える畑には多くの野菜がよく育つ

次に、イネ科以外のやわらかい草について。この辺りではナズナ・ハコベなどアブラナ科の草やホトケノザを多く見かける。とくにナズナが生えてくる場所には、ダイコンやハクサイ・ナバナなどのアブラナ科野菜を植えるとすごくよくできる。アブラナ科以外の野菜でも、ナス・ピーマン・キュウリ・スイカなどもよくできる。

ホトケノザやハコベが生える場所も野菜の育ちはよい。大雑把にいうと、丸い葉の草が育つところは野菜もよく育つという感じである。少し意識して観察すると、同じ丸い葉の草でも、場所によっては葉が細長いものがある。このちがいの原因は土の養分バランスのちがいだと思うが、葉がより丸みを帯びていて厚く、生長のよいところのほうが、野菜の育ちはよくなるようである。

4　雑草も輪作すると畑はよい状態になる

私は雑草も輪作のひとつと考えて、雑草を生やして畑を休ませることがある。休ませるのは、イネ科の草が多くなってきたところであるが、堆肥を少し多く入れて草に力をつけ、次作の野菜に備えるようにしている。草が元気に育ち、それをすき込めば、土の中の養分も多くなるからである。草を元気にしてからすき込むか、そうでないかでは、次に植える野菜の育ち方がまるでかわってくる。

このように休ませた畑では、一年で生えてくる草の種類がかわり、イネ科の草が多かったやせ地にもホトケノザやナズナなどが生えてくる（写真2-10）。

写真2-10　ニンジン畑に生えてきたホトケノザ
養分バランスのよい土になったとみる（A）

自然界の循環がそうであるが、それぞれの草は自分の生長をよくしようとすることで、結果的に土壌の状態がよくなっていく、だから雑草も輪作の仲間にしてやれば畑はよくなっていくと思う。

　畑というものは草や野菜によって守られているのに、今の農業ではひとつの畑でどれだけ多く採るかが重要なので、畑が悲鳴をあげている状態だといえる。採る必要があるならば、せめてうまく輪作して、ひとつの畑で同じ養分だけを抜かないようにして、少しでも長く使える畑をつくることが大切だと考える。抜けた栄養を測定してもどしてやる方法もあると思うが……。

5 雑草も使って根こぶをなくす

　野菜に根こぶが発生してきたとき、私は輪作で改善していくが、そのときの診断にも雑草が活用できる。たとえば、セロリーに根こぶがついた畑を、ナスやショウガをつくりやすいよい土に変えていこうという場合、まずはトウモロコシを植える。次にナバナを植えて、それへの根こぶ発生の有無を調べる。同時に、アカザやイヌタデなどの雑草がきれいな緑をして、黄色くなっていないかを観察する。さらに、アカザを抜いて根を見て、根こぶがついていなければ、改善は成功したと判断できる（写真2-11）。

　まだまだ私自身わかっていないことも多くあるので、雑草の種類や生長の程度によってどの野菜を植えたらよいかなど、もっと細かい見方ができると思っている。少しずつ積み重ねて、さらに適切な輪作ができるようにしていきたい。

写真2-11　アカザの根に根こぶがついていない
トウモロコシなどの輪作によって改善できたと判断（K）

3 多品目栽培で上手な圃場活用と環境づくり

私は年間約六〇種類の野菜をつくる少量多品目栽培なので、一枚の畑に何種類も野菜を植えることになる。それぞれの野菜が育ちやすいような畑の選び方や植え方は、いろいろな角度から見なければならず、なかなかむずかしいことであるが、主に次の三つの点を考慮している。

①光の当たり方（日照時間など）
②前作との兼ね合い
③土の状態（草も見て判断）

②と③はすでに述べたので、ここでは①光の当たり方を中心に述べる。

1 光の当たり方で決める

光が好きな野菜とそうでもない野菜

まずは光については、できれば太陽がよく当たるところと、そうでもないところをつくり、それぞれを上手に使うことが必要である。

たとえば、光がよく当たる畑なら、ナス・オクラ・ピーマン・シカクマメ・ツルムラサ

写真2-12　日陰になりやすい畑の作付け例
1枚の畑に何種類も植える。ここは部分的に日陰ができやすい畑で、木がある左端にはキュウリと花オクラが植わっている。日が強いと花オクラは花がしぼんでしまうからだ。中央はショウガ、右端の日当たりがいいところはナス（A）

野菜が育ちやすい畑の選び方のポイント3つ

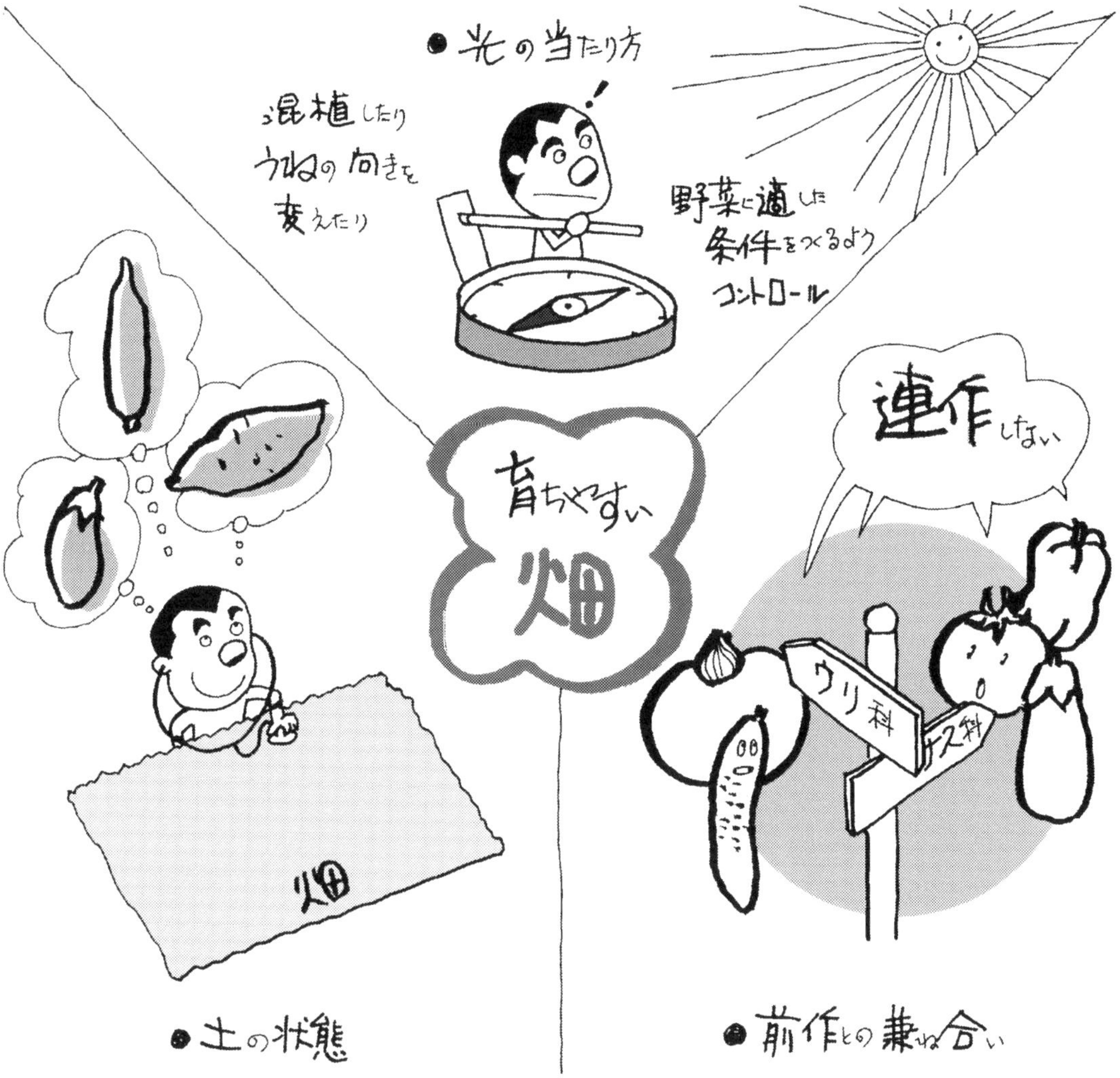

キ・トマト・サツマイモ・ゴーヤ・ズッキーニ・ラッカセイ・スイカ・カボチャなど多くの野菜が植えられる。

いっぽう山あいの日陰になりやすい畑では、青ジソ・サトイモ・オカヒジキ・オカノリ・モロヘイヤ・ショウガなどを植える。

また、冬から初夏採りや、秋採りの野菜は日が当たるところへ、真夏採りなら日当たりの少なめのところへ植えるのがよいようだ。しかし、そのように都合のよい畑ばかりではないので、私は混植したり、うねの向きを変えたりしながらコントロールして、野菜に適した条件をつくるようにしている。

また、雨の多い年と少ない年があるので、私は同じ野菜を一カ所でなく、日当たりのいい畑と日陰ができやすい畑など二カ所以上に植えて、どちらかで採れるようにしている。

光が少ない畑は南北うねに

光が少ない畑では、少しでも光を当てたいので太陽の動きに対して直角にうねをつくる（南北うね）。これだと、平行にうねを立てる（東西うね）よりも万遍なく光が当たる。

また、うね間や株間の間隔を広げたり、ナスなどはせん定をして余分な葉をとったりすることで、光を当たりやすくする。

果菜類全般にいえることであるが、光が少ないと葉が大きく薄くなって、実のつきは悪くなる。が、乾燥しにくいので、真夏は野菜にとって楽になる。

光が多い畑では混植でコントロール

光の多い畑では、背が高い野菜と低い野菜を交互に植えたり、混植したりする。例をいくつか図解でご紹介しよう。

図2－2は背の高い野菜と低い野菜の交互植えである。ナスは光を多く必要とするので、畑のいちばん南端（東西うねで南側）にし、次には背の高い野菜と低い野菜を交互に植えていく。背の低いピーマンやシシトウは、あまり光が強いと焼け果や奇形果が出てエグ味も強くなる。

図2－3は、日陰でもよく育つ青ジソやモロヘイヤの、オクラの下での栽培（トウモロコシの下も適、三四ページ参照）。コツは、オクラの株間を少し空けること。青ジソは短日条件で花芽分化するので、ふつうは八月中旬までには収穫切り上げとなるが、オクラ下の木漏れ日で育てると、一カ月くらい長く収穫できる。

図2－4は、乾燥を嫌うサトイモのトウモロコシ間作の例。サトイモにとってちょうどよい日陰ができて、初期の乾燥害を防げる。トウモロコシは育苗して三月下旬に植え、六月上中旬に収穫。その茎葉残渣をサトイモにマルチすると、真夏の乾燥や地温上昇を抑えることができ、そろいのよいサトイモが採れる。コツは、トウモロコシのうね幅を広くとること。

このほかに、ゴーヤやハヤトウリの下に、モロヘイヤ・ニラ・青ジソ・ミョウガなどを植えるのもよい。この場合、太陽の方向を考えて、真下ではなく、少し離すようにする。真下だと日陰すぎたり、根酸の影響を受けて小さくなってしまうことがある。

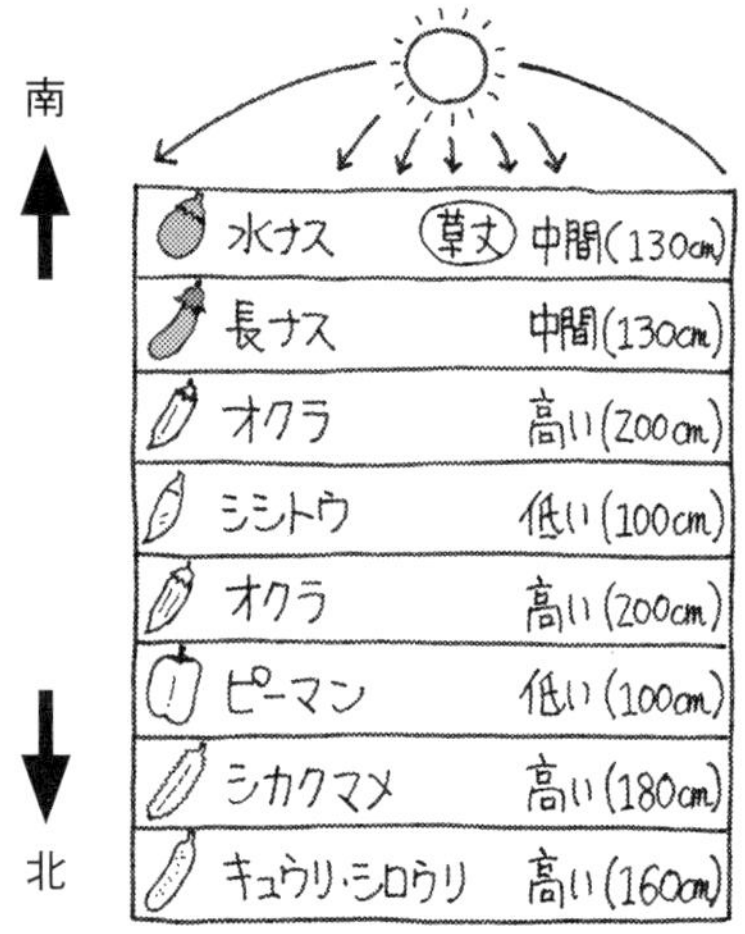

図2－2　背の高い野菜と低い野菜を交互に植える

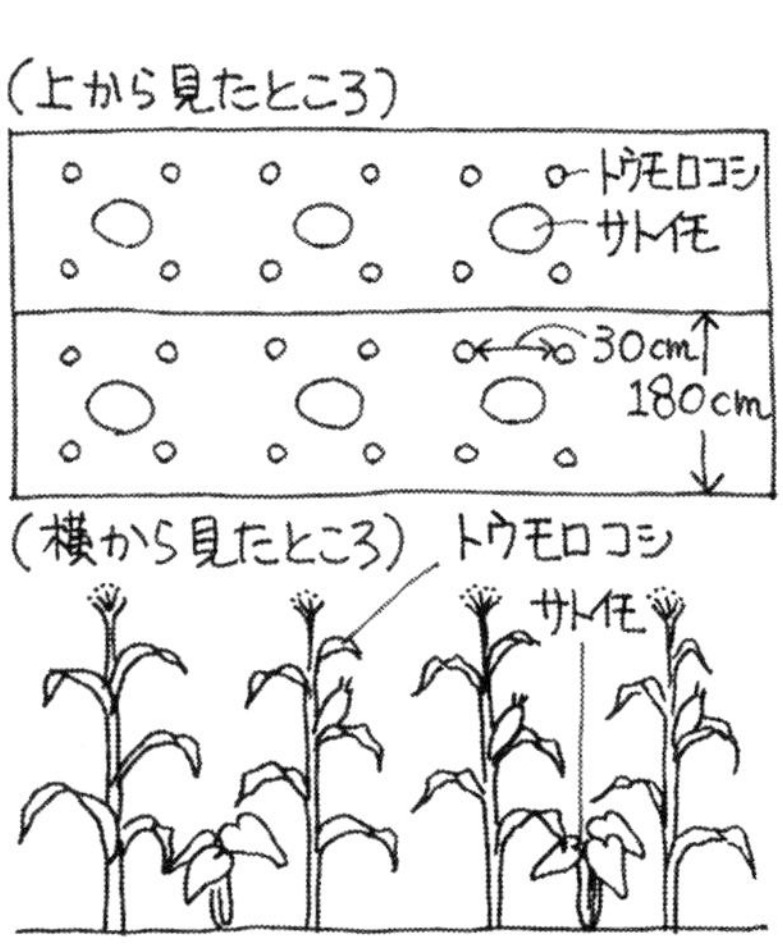

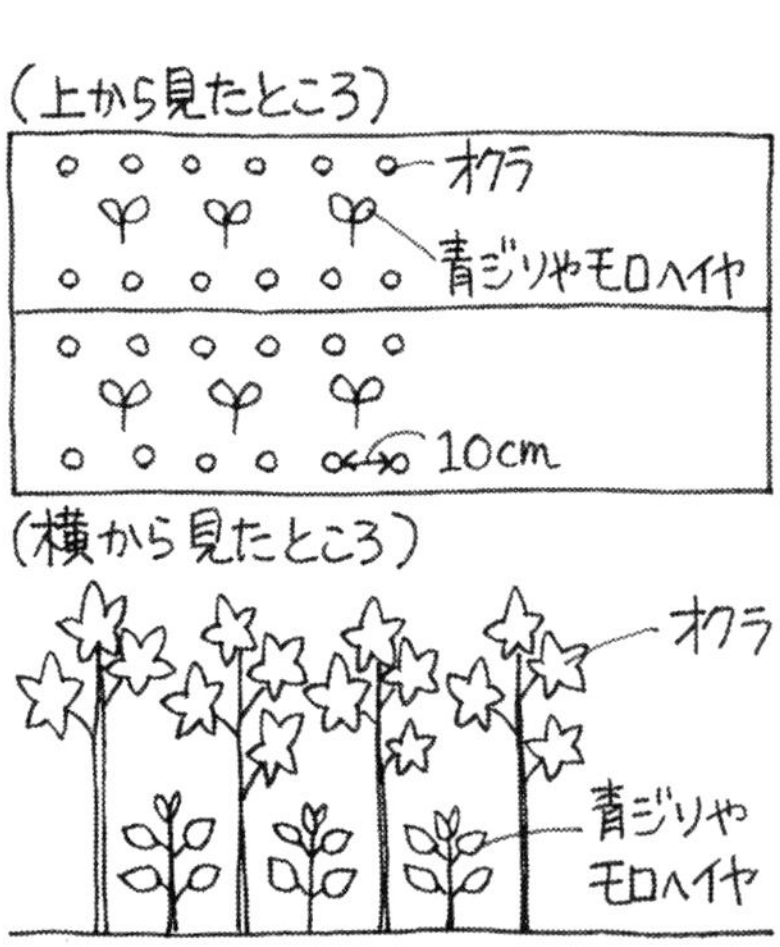

図2－4　乾燥を嫌うサトイモはトウモロコシのあいだに　図2－3　日陰で育つ青ジソやモロヘイヤはオクラの下に

2 前作との兼ね合いで決める

つぎに前作との兼ね合いについて。私の場合、ナス科・ウリ科など科によって分け、同じ科の野菜は連作しないようにしている。ただ、土がよくできていれば植えることもある。やむを得ず連作するときは、肥料分を多くしたり、ワラや堆肥を入れて養分バランスをよくしたりして、収量や品質の確保に努める。

ナスの畑選びにはとくに気を使う。連作すると実が少なくなり、色も悪くなるからだ。そこで、ナスの畑を最初に決め、ほかはあとから決めるようにしている。

3 土の養分状態を見て決める

土の状態は、まず雑草の種類と生長ぶりを見て、よい畑か否かを判断するが、見方はすでに述べたとおりである（四五ページ参照）。それにもとづいて、次のように畑を決めていく。

前にも述べたが、いちばんよい畑（日当たりがよく、肥料バランスもよい）にはナスを植える。逆にオクラは肥料分の少ない土地を選ぶ。オクラは樹勢が強いので、少しでも肥料分が多いと、私が目標にしている節間長五センチが二～三倍にも伸びてしまい、栄養生長に傾き、実が採れなくなってしまう。

サツマイモは、前にも書いたように、赤土で肥えていない土だとおいしいイモができるので、サツマイモは同じ畑へ毎年植える。

また、肥料が少ないやせ地をバランスのよい土質に変えたいときは、陸稲などイネ科作物やマメ科野菜を植えて、残渣をすき込んでる。すると、次第にバランスが整ってくる。

4 水を多く必要とする野菜と少なくてもいい野菜

水について触れておくと、どの野菜でも水は必要であるが、多く必要とする野菜と少なくてもよい野菜がある。水を多く必要とする野菜は、水ナス・サトイモ・リュウキュウ（ズイキのようなもの）・クウシンサイなどで、次にキュウリ・スイカ・ピーマン・ズッキーニ・オカヒジキ・モロヘイヤなどである。比較的少なくていいのは、シカクマメ・オクラ・ゴーヤ・トマトなど。

ちなみに、水が必要な野菜どうしを近くに植えると、灌水が楽になる（灌水は畑に設置したスプリンクラーで行なう）。

5 ゆっくり育ったほうがいい野菜と、速く育ったほうがいい野菜

野菜はどんな条件の下でも育とうとする。それぞれ育ちやすい条件が少しずつちがうだけであるが、収穫物の品質・おいしさにとって、速く育ったほうがよい野菜と、ゆっくり育ったほうがよい野菜とがある。

たとえば、ナスやキュウリ、レタス・セロリーなどやわらかさを強調したい野菜は、水を多めに与えてフワッと速く育てると、エグミのないおいしい味になる。他方、トマトやジャンボピーマンなどは逆で、ゆっくり完熟させながら育てると甘味がのる。

このようにそれぞれの野菜のおいしさがいちばん出る畑・場所を探して、つくっていけたらさらによいと思う。

4 長期育苗で少肥向き・高能力の苗づくり

1 私の育苗の目標
―低温下でゆっくりと

私の野菜づくりは、肥料は安い鶏糞主体で農薬はいっさい使わない。そのためには「野菜の力を引き出すことが大切で、人間は少し手助けするだけ」という考え方でやっている。

育苗でも、野菜に少し手助けするだけという方針は変わらないが、小さなポットで育て、温度も低い時期なので、畑で育てるよりも人の手を必要とする。しかし、基本は、発芽時や移植時など手助けが必要なときに、野菜が力を出せるようにしてあげることである。

育苗の目標は、本畑に出てから病気に強く、少ない肥料をよく吸収・利用して、小ぶりながら、品質のよい収穫物をしっかり生産できる苗をつくることである。そのために、春植え野菜の苗の場合、冬の低温のもとでゆっくり時間をかけて育てる。

たとえばナスは、一月下旬に播種して、本葉一～二枚でポットに鉢上げ移植し、それから二カ月かけてじっくり育て、蕾が見えはじめるくらいの苗にして四月下旬に定植となる。三カ月から四カ月にわたる長期育苗である。

低温で時間をかけて育てた苗は徒長せず、

写真2-13① 育苗はゆっくりと、背が低く、葉が厚く丸みがあるがっしりとした健苗に仕上げる
冬から春の育苗 A：鉢上げ後初期のナス苗、B：定植後のシシトウ苗（A）

私の目標とする苗のイメージ

写真2-13② 春から初夏の育苗 ラッカセイの苗（K）

葉は小さく育つが、畑に植えてからの強さがちがう。私は農薬を使わないが、確実に病気にも強くなる。温度をかけて短時間で育てた苗を買ってきて植えたこともあるが、そういう苗は病気になりやすく、とても弱いと思う。

私の目標とする苗の姿形のイメージは、写真2-13にあるように、背が低く、葉は小さいが厚く、丸みがあって、全体にがっしりとし（全体としても丸みがある）、根は多すぎないというものである。

以下、そのような苗づくりのポイントをいくつかにまとめる。

写真2-13③　秋から冬の育苗　A：サヤエンドウの苗、B：ソラマメの苗（K）

2 育苗土づくり
―小さなポットで二カ月持つ土

山土・バーク堆肥・鶏糞の混合

まず、ポットに入れる育苗土（床土）は、市販の有機の専用培土も使うが、高いので自分で配合してつくる。私の場合、材料には土・バーク堆肥・鶏糞または堆肥を使っている（写真2－14）。

土は山土である。バーク堆肥はホームセンターなどで売っているもので、できるだけ細かいものを選ぶ。肥料分には、完熟した鶏糞か堆肥（窒素分の多いもの）を使う。

私は、上記のように移植後小さなポットで二カ月くらいゆっくりと時間をかけて育てるので、床土の窒素成分は多めにしている。鉢上げポット用土は、山土を一、バーク堆肥を一とし、鶏糞または堆肥を〇・一の割合で加える。播種用土は窒素分を少なめに、鶏糞を半分の〇・〇五としている。バーク堆肥に窒素成分が多くはいっていれば、鶏糞や堆肥は少しでよい。

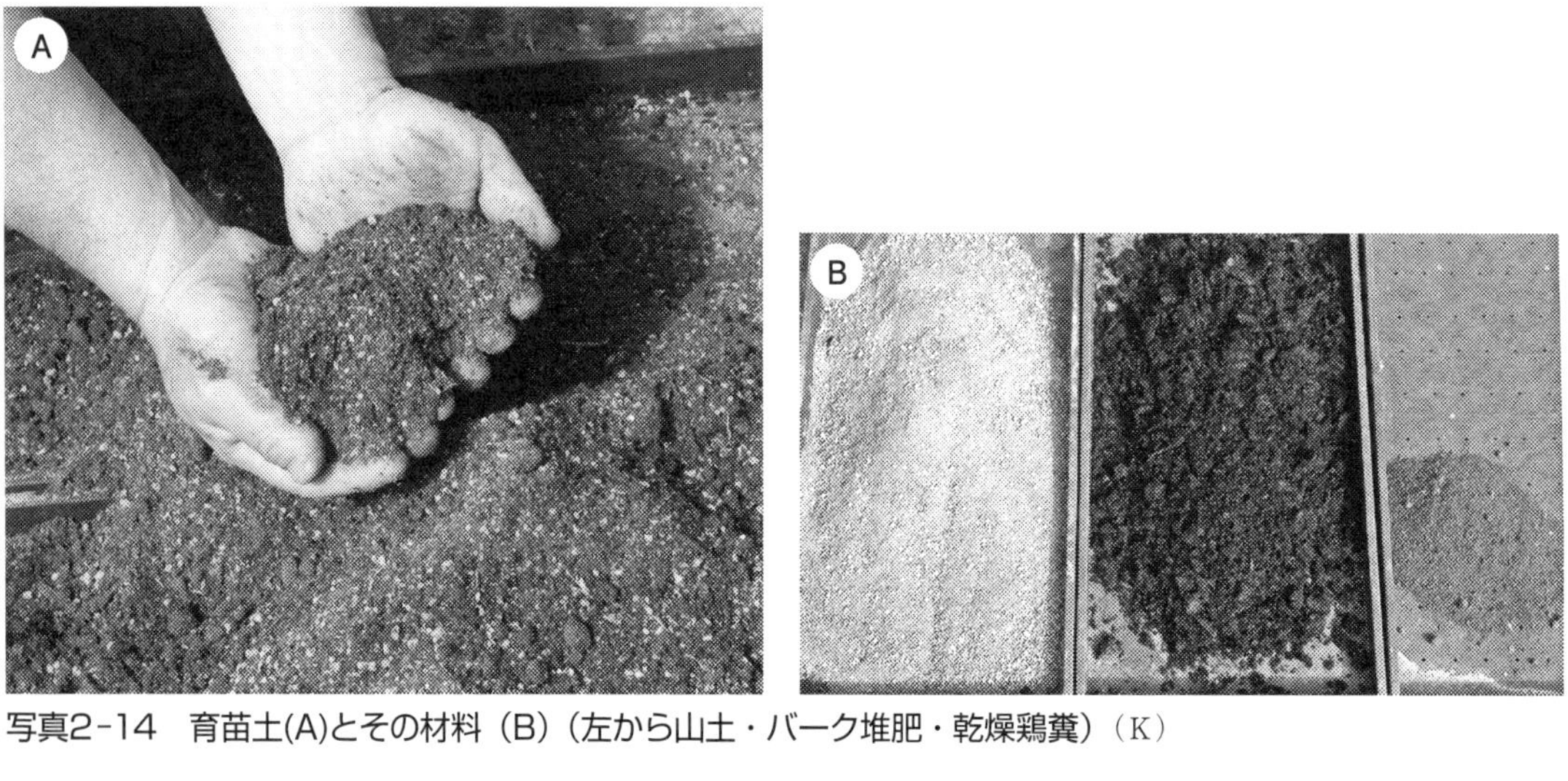

写真2-14　育苗土(A)とその材料（B）（左から山土・バーク堆肥・乾燥鶏糞）（K）

一週間くらいなじませて使う

床土はそのまますぐに使っても大丈夫であるが、一週間くらいおいてなじませておくとさらによい。

熟成度に少し不安があるときは、早く発芽するコマツナやチンゲンサイなどで発芽テストをする。三日もあれば発芽するので確認しておくと安心である。現在は測定していないが、ＥＣメーターで一～一・五ぐらいになればよいと思う。

3 播種・発芽用の温床づくり―米ぬか発酵温床で温度をコントロール

とくに育苗期間が長いナスなどは、播種時期はまだかなり寒い。そこで発芽用の温床をつくる。米ぬかに切りわらを入れ、事前につくっておいたボカシを種菌として一〇％ぐらい混ぜてつくる（写真2－15）。

米ぬかと切りわら（または落ち葉）の量は一：一くらい。簡易ハウス内の土の上にビニールを敷いて、その上に混合したものを置いて、温度の上昇を待つ。

温度が上がってきたら二〇～三〇cmの高さに均して、播種箱を並べやすくする。温度が下がってくれば切り返しをして、空気を入れると再び温度が上がってくる。

発酵温度が上がりにくいときは、ペットボトルにお湯を入れて湯たんぽとして温床に入れると、一～二日で温度が上がってくる（写真2－16）。播種箱を並べるときの温度の目安は三五℃くらいとする。

4 播種時期とタネのまき方

一月から四月までの播種プログラム

播種時期は、一月下旬ころからナス・トマトをまく。続いて二月上中旬からピーマン・ジャンボピーマン・シシトウ・カラシナなど。二月下旬～三月になるとキュウリ・白ウリ・早出し用スイカ・エダマメ・ズッキーニなど。四月になるとキュウリ・カボチャ・お盆出し用スイカ・ラッカセイ・ツルムラサキ・クウシンサイなどをまく。

発芽の速さや苗の大きさがちがうため、品目別に播種箱を変えるか、同じような発芽をするものを同じ播種箱にまく。たとえば、ピーマンなら、シシトウ・ジャンボピーマンなどといっしょにする。基本的にはウリ科、ナス科など同じ科のものを同じグループとみ

写真2-15　米ぬか発酵温床に播種箱を並べているところ
発酵床の高さは20～30㎝。中を攪拌するときに土と混ざるのでビニールの中に入れ、周囲は盛り土をして固定（撮影：桐島）

写真2-16　発酵温度が上がりにくいときは、お湯を入れたペットボトルで上昇をうながす（撮影：桐島）

る。ピーマンとキュウリをいっしょにまくと、キュウリのほうが早く発芽して、その後の太りも早いので、そろわなくなってしまう。

播種量、覆土はタネの大きさで決める

まく量は品目によってもちがうが、タネの大きさによって変える。播種箱の大きさは横三五cm、縦五五cmくらいであるが、これにトマトやナスなどの小さいタネは二〇〇～三〇〇粒。スイカやカボチャなどの大きいタネは五〇～一〇〇粒にしている。

①播種箱と用土、播種箱の上は左から均平板・鎮圧こて・スジ付け板、ビンの中はキュウリのタネ

②均平

③鎮圧

④スジ付け

⑤条まき

写真2-17　タネまきのし方：キュウリの条まきの例（K）

覆土はタネが小さいものは薄く、大きいものは厚くする。ただし、セロリーなど発芽に光が必要なものは、覆土をするとまったく芽が出てこなくなるので、乾燥防止に新聞紙をかぶせるだけとする。

タネをまいたら温床へ並べるが、温床の温度が適温（三五℃くらい）なら、ゴザやパオパオなどを敷いて播種箱をのせる。温度が高ければ（四〇℃以上）、床と播種箱の下に割り箸くらいの小さな桟《さん》（細長い木や竹）を入れ、播種箱を少し浮かせるとよい。

播種箱をのせたら上にトンネルをつくり、ビニールをかけ、夜は毛布やラブシートなどをかけて温度を保つ。

5 移植の時期と方法

タネの大きさを基準に、本葉枚数で決める

ポットへの移植時期は品目によっても変わるが、これもタネの大きさを基準にしている。小さいタネの野菜は本葉一～二枚のときに移植、大きいタネの野菜は本葉が見えはじめたら移植する。タネの大きさと発根速度は比例するが、この時期だと隣の苗の根とまだあまり絡みつかないからである。

育苗期間とポットの大きさ

移植後の育苗期間が二カ月くらいと長いナスやトマト、また大きな葉が出るカボチャなどは一〇・五センチポットへ。育苗期間が一カ月半くらいとやや短いピーマン・シシトウなどは九・五㎝ポットへ移植する。ただし、オクラやトウモロコシなどはセルトレイにまくこともある。

写真2-18　移植用ポット（上）とセルトレイ（下）（K）

6 育苗管理のポイント

高温・灌水を控えてガッチリ苗に

育苗管理については、移植後はハウス内にトンネルをして苗を並べる。ビニールとラブシートなどをかけて保温するが、光を多く採り入れるために昼間はラブシートをこまめにはぐる。なるべく低温でじっくり育てたいので、温度が高くなってきたらビニールも同じようにはぐる。温度が上がりすぎたり、光がたりなかったりすると野菜は徒長するし、逆なら生長が阻害されて生育に遅れが出る。

写真2-19　育苗の様子
多種類の苗を育てている。こまめに保温・換気・採光を行なって徒長を防ぐ（A）

もう一つ、灌水が大切で、水のやりすぎに注意する。ポットの土の表面が白く乾き、かわいそうだと思うくらい苗がしおれたら水をやるようにしている。こうすると育苗期間が長くても、節間が詰まり、葉も小さく、元気な細根を持った苗に育つ。

アブラムシをつけて天敵つき苗に

また、少し変わったやり方かも知れないが、私は苗のときにアブラムシをつかせるようにしている。これは、畑に野菜を定植したとき、アブラムシといっしょに天敵（テントウムシの幼虫、アブラバチなど）を持ち込むためである。畑でアブラムシが増えても、すぐに天敵も増えるので害が少なくなる。私はこの方法を七年ぐらい実施している。

ただ、問題点もあり、アブラムシがつくので苗の生長が遅れる。そのためタネを早くまいたり、苗の量を多くしたりしている。私は六〇種類くらいの野菜をつくっているので、ひとつの品目はそれほど多くないが、一〇〇本必要だったら一三〇本くらい用意する。ただ、しっかりした苗を立てればアブラムシにもやられにくくなる。

定植の二日前に水をやると根が動く

定植のときのコツとして、育苗中は水を控えてガッチリ育てるが、定植二日前になったら水をたっぷりやる。すると、根が出よう出ようとしたがって動き出すので、活着がとてもスムーズになる。この呼び水をするのとしないのとでは、その後の生育が大きく変わってくる。

5 自家採種で有機・無農薬・美味の品種づくり

1 タネ代三分の一！ 市販を超えるタネを採る

自家採種野菜は病害虫に強い、つくりやすい

私がタネ採りをはじめたのは、一五年あまり前のこと。慣行農業から有機農業に替えて収入が減り、経営的に厳しかったためにはじめた。はじめてタネ採りをした野菜は、エンドウ・スナップエンドウ・ソラマメで、これらはタネの値段が高いうえ、量も多く必要だったからだ。

現在は、六〇品目つくっている野菜のうち五〇品目くらいはタネ採りしているので、タネ代は買った場合の三分の一以下ですんでいる。

タネ採りを続けているうちに、いろいろなことに気づいた。まず、タネを採る前に樹の選抜をキチッとすることで、市販のタネよりもよいものができることである。

一般的に、自分でタネ採りした野菜は、市販のタネから育てた野菜よりも病気や害虫に強く育つ。たとえばオクラは、買ったタネを使ったときは斑点細菌病で葉っぱが落ちてしまったこともあるが、自分でタネ採りするようになってからは、無農薬でもまったくそんなことはなくなった。また買ったタネから育てた野菜には全体にアブラムシがついても、タネ採りした野菜には部分的にしかつかないということもみられる。

病害虫に対する強さは、樹勢の強さ、とくに根の力が強いことが関係していると思う。たとえば、市販のタネから育てたナスは、生育途中で肥料がたりなくなったりすると、すぐ実が短くなったり、尻のほうが広がったり

写真2-20　私がタネ採りしている野菜の一部（撮影：桐島）

と変形してしまう。ところが、自分でタネ採りしたナスは、根っこが肥料を吸う力が強いのか、キレイな形がなかなか崩れない。だからタネ採りした野菜は、非常に栽培しやすくもある。

写真2-21　初めにタネ採りに着手したエンドウ類
左からスナップエンドウ・ウスイ・くるめゆたか（K）

F1品種でもそろいのいいものがある

次に自家採種した場合の野菜のそろいについて。基本的に固定種は、タネ採りして育てても性質がだいたいそろう。しかし、品種によっては、いくら採っても性質がそろわないこともわかってきた。一般に、F1品種（袋に「○○交配」と書いてあるもの）からタネ採りすると、大きなバラつきが出てくる。

　ただし、F1品種でもスイカ・エンドウマメ・スナックエンドウ・ピーマン・シシトウ・ナスなどは、タネ採りしても割とそろいがよかった。

写真2-22　キュウリ（左）とゴーヤ（右）のタネ（K）

　それと、これも私の経験で、タネ自体が非常に採りにくかった品種もある。とくに当地は暖かい高知県だからか、北海道のダイズやアズキなど寒いところで育った品種は、樹はできてもほとんど実にならなかった。またニンジンのベーターリッチ（サカタ）など一部のF1品種も、一年目はとくにタネが非常にできにくく、できてもわずかしか発芽しなかった。

　以下、私のタネ採りのやり方をご紹介する。

2　私のタネ採り法

肥料少なめで育て、気にいった株を選ぶ

　はじめて選ぶときには、畑全体の中で初期生育のよい部分に目をつけ、そこだけ追肥の量を減らして育てる。肥料が少ないほど生育にバラつきが出やすいので、色・形・大きさなどを見て、自分が気にいった株を選ぶ。

　これを二年、三年と続けると、ある程度性質がまとまってくるし、その系統の特徴もつかめるようになってくる。そうなったら、収穫畑と同じ栽培、生育のさせ方をして、その

なかからよいものを選び出せるようになる。

タネ採りする株は樹勢が強すぎてはいけないが、極端に弱いのもよくない。だから、一番大きな株は選ばず、無病でしっかりと根の張った、その野菜本来の素直な生育をしているものを選ぶようにしている。

株の中段くらいからタネを採る

選んだ株のうち、一番タネが充実した部分からタネを採る。たとえばエンドウなら、樹の上のほうでも下のほうでもなく、上から四～八段目の莢から採り、ナバナなら一番花は取り除き、二番花から採る。

どんな野菜でも、基本的に株の中段くらいにできるタネが、肥料が強すぎもせず弱すぎもしないようにつくっているので、追熟もしっかりできて充実したタネになると思う。

昔の人の知恵＋現代の方法でタネ採り

私がタネを採るとき、参考にすることが二つある。一つは母やおばあちゃんのような昔の人がやっていたタネの採り方、もう一つは、『自家採種ハンドブック』（現代書館）という本。昔の人のやり方は、タネの性質をよくつかんだ方法である。ただし、タネの保存方法など、冷蔵庫もある現代の技術も知って活用するほうがいいと思う。

◇ナス

たとえばナス（ここでは、長ナス）は、昔のやり方は、熟れる（皮の色が金色っぽくなる）まで実を樹につけておき、十分に熟れたらヘタをつけたまま実を採る。次にヘタの部分は残したまま四つ割りにして、まん中に木を挟んで乾きやすい状態にして軒下で干し、次の年にまくまでそのままにしておく。私も基本的にはこのやり方であるが、実がボソボソになるまで乾かしたあとは水で洗い、タネだけにして乾かしてから冷蔵庫（二～三年使う場合は冷凍庫）へ入れている（図2－5）。

①よく熟したナスの実をヘタを残して四つ割りにする
②切り口に適当な木を挟んで広げ、軒下で干す
昔の人のやり方
翌年のタネまき時期までそのまま干す
私のやり方
③実がボソボソになるまで乾いたら水でタネを洗い出し、底に沈んだタネだけすくう
④2～3日陰干しし、適当な袋に入れて冷蔵庫か冷凍庫に入れて保存する
図2-5　ナスのタネ採りのやり方

写真2-23　左から長ナスと青ナスのタネ
右は実を4つ割りにして乾燥させた状態（K）

ほかの野菜については、タネの採り方の本を参考にするといいと思うが、本にあまり書かれていないことに、以下触れておきたい。

◇ゴボウ

タネを採るとき細かな繊維質のものが飛び、体がかゆくなる。ヤッケや雨合羽を着てタネ採りし、作業が終わったらすぐに風呂にはいるようにしたらよい。

またゴボウは、常温だと一年でタネが発芽しなくなるので、基本的には毎年タネを採る。どうしても二年使いたい場合は、冷凍庫で保存する。

◇ニンジン

昔から「ニンジンには宿を貸すな」ということわざがあり、これは「タネを採ったらすぐまけ」ということだそうである。たしかに、すぐまけばキレイに発芽するが、長く置くと発芽が悪くなってくる。冷蔵庫に入れれば一～二年はもつが、なるべく早く使ったほうがよい。長く使いたい場合は冷凍保存する。

◇カブ・カラシナ

大きいバケツに逆さまに立てておき、乾いてから軽く叩けばタネが落ちる。

◇ダイコン

タネが落ちにくいので、乾かしてから莢で採り、臼に入れて杵でトントンつくとタネが採れる。

どのようなやり方の場合でも、タネが株についた状態でしっかり熟すまで待つことがコツである。もう一つ、株によっては発芽しないタネばかりつくことがあるので、少なくとも五本以上の株から採るとよい。

なお、赤ジソ・青ジソ・エゴマ・ちりめんカラシナ・タカナなどは、その場で熟してタネを落とし、次の年に耕せば三年ぐらいは収穫できる。

3 野菜の結実の性質をよく知ること

タネを採る株は肥料を少なくすると書いたが、これは野菜が実をつけるための一つの条件づくりである。

野菜に限らず多くの植物は、自分のまわりが生育に適さなくなると花を咲かせ、実をつける。肥料分（窒素分）が多くあると栄養生長を続けようとして、実に栄養を送らない。つまり植物の多くは、自分が枯れてしまうことで体内にある栄養を実に送って、小さくてもしっかりと力のあるタネをつけるのである。この点は、自分でタネ採りをはじめて以来、ヒシヒシと感じていることだ。

また生育に適さなくなる条件の一つとして日照時間がある。夏の野菜は、短日になると花を咲かせるものがあり、冬の野菜には長日になるにしたがって実をつけるものがある。

自家採種する場合には、一つひとつの野菜が花を咲かせる条件をよく覚えておいて、実をつけるときにキチッと生殖生長に移るような肥培管理をすることが必要になる。

現在では同じ野菜でも早生種と晩生種があって、タネを採る時期が多くなって覚えるのもたいへんだが、それは基本として欠かせないことである。

楽しみいっぱい タネ採り畑

（65ページまでの写真は＊以外すべて赤松富仁撮影）

イエローマスタード
（4月上旬の姿）

あと1カ月くらいすると小さなタネがギュッと詰まった莢ができる。大量に採れたタネは試作中の加工品「粒入りマスタード」の原料にもなる

ちりめんカラシナ
（5月下旬の姿）

ピリッとした辛味に風味があってサラダのアクセントに人気の葉物。冬から春にかけて収穫し、その後トウが立って開花・結実する

茎がシャキシャキして独特の風味がある人気野菜。あと2週間くらいで黄色くなったらタネ採り

コブタカナ（5月下旬の姿）

タネ採りして育てたアブラナ科野菜

左からコブタカナ・ルッコラ・ちりめんカラシナ・小カブ（これは買ったタネ）・ダイコン。ほかにもいっぱいある（＊撮影：農文協）。

アブラナ科野菜のタネ採り

交雑しないように他のアブラナ科野菜とは別の場所で育てる。実が熟れて黄色くなったら、株の上から40～50㎝のところを枝ごと切り、逆さにして桶に入れて1カ月くらい乾燥させる。枝を持ってパンパン叩くと簡単にタネが落ちる。タネは水に入れて沈んだものを取り出し、乾かしてからビニールで保存。

楽しみいっぱい タネ採り畑

あと1カ月もすれば、花は写真の手の輪くらい大きくなる。F1のベーターリッチから選抜したニンジン。1年目に採ったタネはほとんど芽が出ず、生育もバラバラだった。しかし、わずかに育った中から採った2年目のタネは発芽率が抜群に。トウ立ちが遅い株からタネを採れば、トウ立ちしにくい品種になるので、ほぼ年中切らさずにつくれる

ニンジン（4月上旬の姿）

エンドウ（5月下旬の姿）

スナップエンドウ　あと1週間くらいして豆が黄色く熟れてきたらタネを採る。手で示した範囲から採ると、発芽率がよく、生育のバラツキも少ない充実したタネが採れる。株の下段は肥料が効いているときにできる豆、上段は肥料が弱いときにできる豆なので、どちらもボケたタネになりやすい。どんな野菜でも中段くらいにできるタネを採るのが基本

実エンドウ　このくらい熟れたら手でちぎって1カ月くらい莢ごと乾燥させる。豆だけで乾燥させると、シワができたり、割れたりしてしまうこともある

楽しみいっぱい タネ採り畑

花が咲き誇ったところ。あと1カ月くらいでタネを採る。F1サラダゴボウのタネは買うと10a当たり4万円くらいするので高い。採りはじめて5年目だが、最初はトウ立ちの早いものと遅いものが出たので、なるべく遅い株から採るように選抜。トウ立ちしにくいものなら年中まけるし、遅くまで畑においても硬くならないゴボウができる

サラダ野菜のアクセントに最適なチコリ。国産チコリダネをつくるべく、タネ採りに挑戦中。紫の小さな花が咲き終わるとホコリよりも小さいタネがつく

4 土地になじむオリジナル品種をつくる

今後私は、まだタネを採ったことがないキャベツやハクサイなどの結球野菜や、ブロッコリー・カリフラワーなどのタネも採ってみたいと思っている。

それからあと二つのことにも挑戦したい。一つは地元にしかない品種の保存。この土地にもダイコン・カブ・トウモロコシ・アズキなど「ここにしかない品種」があり、絶滅しそうなものもある。次の子どもたちにも、昔から食べられてきた野菜を残しておきたい。

もう一つは、自分オリジナルの品種をつくってみたい。この土地になじんだ固定種が、少しずつでも、できていけばと思っている。以下に、オリジナル品種に向けて、選抜育成中の野菜たちをご紹介する。

〈私のオリジナル品種の卵たち〉

◇ナバナ

自家採種で栽培を続けていると、葉っぱの色がピンクになったり、株の中心のほうの葉っぱが黄色になったりするものが出てくる。そこで私は、中心が黄色くなるものを選んでタネ採りしている。これは、収量は極端に減るが、三〇cm以上に伸ばしても、やわらかくて甘みの強い黄色っぽいトウが立つ、少しおもしろい品質になってきた。

◇ダイコン

私の地域には、昔からつくられてきた十和《とわ》ダイコンと呼ばれる品種があり、ダイコンはピンク色、なかには葉まで赤くなるものもある。この品種は非常に大きく、長さ六〇cm、太さが直径三〇cmになるものもある。

私はこのなかで、葉が赤くて長さ三〇cm以内のものをつくりたいと思って、選抜中である。

◇ルッコラ

ルッコラは、最初は食べると青臭い感じがした。しかし、いまは葉の色や形はバラつきがあるが、ゴマの香りが強くなって青臭さがなくなり、とくに一～二月に採れるものは甘みも強くなった（一九ページ参照）。

写真2-24　十和ダイコン：ピンクが濃く葉の軸も赤いもの（K）

6 病害虫を防ぐ多面的な作戦

無農薬栽培での病害虫予防は、これまで述べてきた施肥と肥効管理、輪作、多種野菜と雑草の共生菜園、長期育苗、自家採種、品種と播種時期選びなど、栽培要素の総合作戦として行なうことで成果があがる。そして、それぞれの栽培要素は、たとえば施肥についてみると、収穫期に窒素が切れるような栽培をすると、食べておいしく病害虫にもかかりにくい野菜ができるというように、多面的な効果を持ってつながっている。

そこで、以上に書いてきた野菜づくりの基本コンセプトと技術のポイントを、病害虫予防という観点から改めてごらんいただきたい。ここでは、いくつかの実践例をご紹介する。なお、パート3の各野菜のページでも触れているので、そちらもごらんいただきたい。

在来品種は害虫の食害に強い ―十和ダイコン・十和カブの例

◇アオムシ・ヨトウは赤色と産毛がきらい

二〇一〇年は気温変化がひどくて、とくに虫の多い年だったが、地元で昔からつくられてきた十和《とうわ》ダイコンと十和カブは害虫に強かった。

この二つの在来種には、根がピンク色をしていて葉軸まで赤みが強いものがある。これはアントシアニンが多いからだが、虫にとってアントシアニンは食べたくない成分のようだ。また長い産毛が生えているのも特徴で、虫がついても産毛が邪魔をして口が届かなかったり、足をとられたりしている。

食べられたところもあったが、そういうところほど赤色が早く増してきて、傷の再生が早いことも認められ、かじられると抵抗性が

写真2-25　十和ダイコンと十和カブ
赤い色と産毛（写真右）が害虫を寄せつけない（K）

病気を防ぐ多面的な作戦

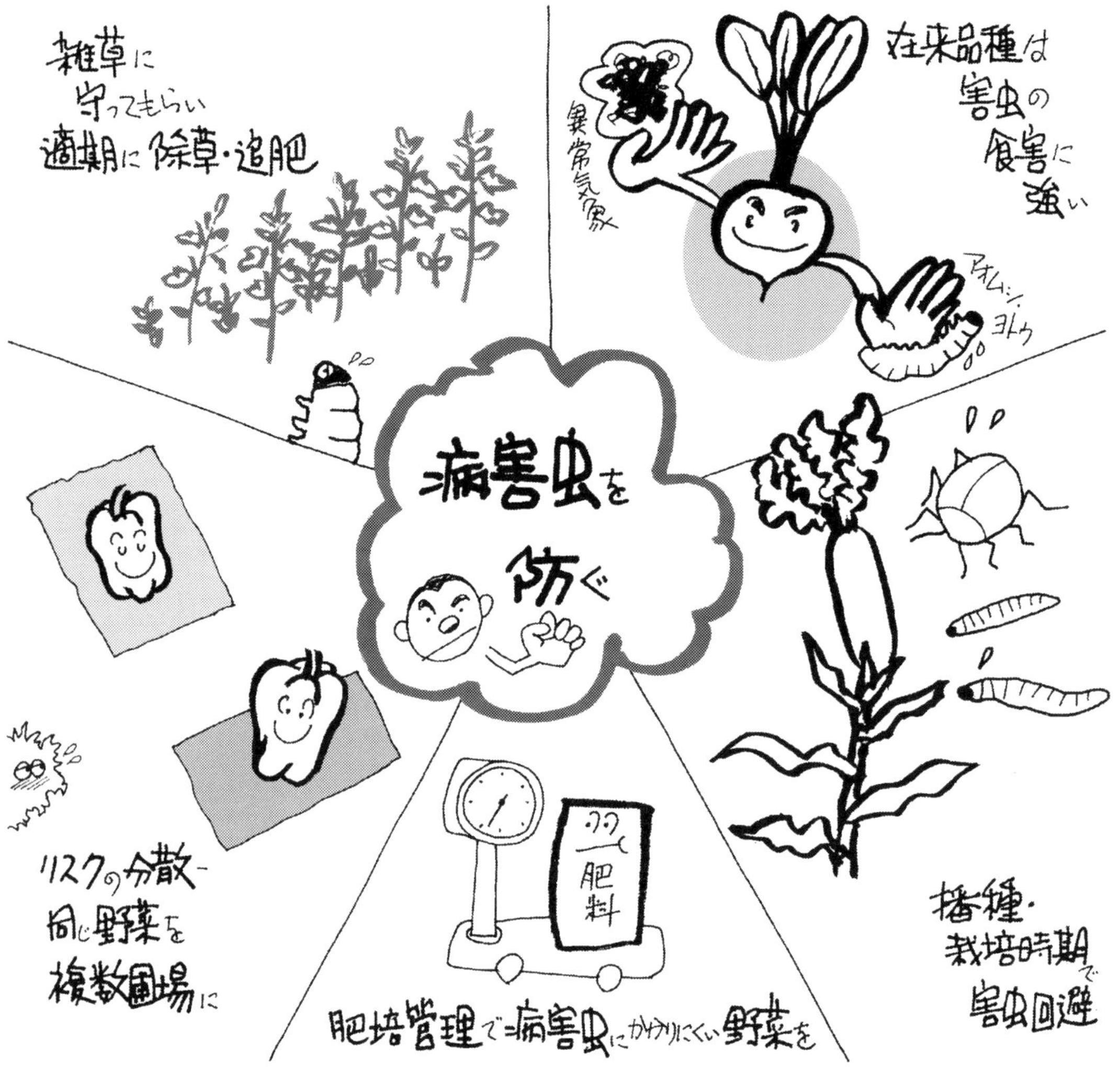
雑草に守ってもらい適期に除草・追肥
在来品種は害虫の食害に強い
異常気象
アオムシ・ヨトウ
病害虫を防ぐ
播種・栽培時期で害虫回避
肥料
肥培管理で病害虫にかかりにくい野菜を
リスクの分散ー同じ野菜を複数圃場に

増すようである。また、たとえ芯をかじられたとしても、わき芽を伸ばして再生する。

◇猛暑や乾燥害にも強い

十和ダイコンと十和カブは、暑さや寒さなど極端な天候の変化にも強いようである。下葉が枯れるようなときも途中で止まるのが早く、温度変化で病気が発生するようなときも止まるのが早いようである。他の野菜は高温・干ばつの影響で乾燥害にあっても、在来種はダメージを受けない。これは、根が伸びるスピードが速いからだと考えられる。

このようにして病害虫や異常気象に負けなかったものだけが生き残り、農家に自家採種されてきたから、在来種は強いのだと思う。

在来種の強さ・能力を十分に発揮させるには、適期にまくことが前提である。十和ダイコンは初期生育が早く葉に厚みがあるが、あまり早い（暑い）時期にまくと樹勢が強く、葉ばかり茂って根の肥大力が弱くなる。

播種・栽培時期で害虫回避

◇ダイコンサルハムシは遅まきで回避

十和ダイコンのように、アントシアニンの強い赤色の野菜はアオムシやヨトウムシにとっては食べにくいようであるが、ダイコンサルハムシだけは平気で食べる。

　そのダイコンサルハムシは、温度があるうちは一〇mでも這って移動して食害するが、温度が下がると極端にその機動力が落ちる。「肌寒くなってきたな」と思うころには一mくらいしか移動できなくなる。そこで、発生の多い年は遅らせてまくといいと思う。

　私のところでは、いろいろな菜物を十月十日にまいたが、食害がなく、すごくきれいだった。ちなみに九月下旬にまいた野菜は葉がボロボロになった。

◇多発期を避けて播種・定植、不織布で防ぐ

　トウモロコシのメイチュウ（ダイメイチュウ〈イネヨトウ〉・アワノメイガ）・コナガ、枝豆のカメムシなど、キュウリのウリハムシやヨトウムシなど、ほとんどの野菜で害虫予防には、多発期を避ける播種・定植時期選びと、パオパオ掛けが欠かせない（写真2－26）。

　たとえば、トウモロコシは、春植えは短期で採れる品種を早めに定植して、メイチュウが大量発生する前の六月上中旬に収穫を終えるようにしている。定植時からパオパオ掛けをして保温と害虫予防をし、トウモロコシが持ち上げてきたらはずす。夏まき・秋採りは、九月下旬になると涼しくなってメイチュウが増えるので、八月中下旬に播種を終え、パオパオで暑さと害虫を防ぐ。

写真2－26　虫害予防に初期の不織布が欠かせない（K）

　地域の害虫発生周期を知って（私のところでは五月下旬～七月中旬、九月初めから下旬にピーク）、それを避けられるように作付けすることが基本となる。

雑草に守ってもらい、適期に除草・追肥

　私の野菜は、生育のある時期まで、雑草とともに育っている。写真2－27は六月中旬のセロリーで、アカザに埋もれている。これを長く置くと雑草に負けるので除草をし、セロリーの葉色を見ながら追肥して養分を効かせて育てていくが、除草が早いとヨトウムシの集中攻撃を受けることになる。

　アカザがヨトウムシを抑えているからだ。梅雨時の発蛾時から夏に向けてヨトウムシはいなくなるので、多発しないタイミングをみはからって除草する。

写真2－27　アカザでヨトウムシの害が抑えられているセロリー畑
タイミングよく除草・追肥する（K）

ヨトウムシは秋に涼しくなると、再び出てきて、野菜をかじるようになる。そのころに、土中に肥料分が残っているとその臭いで寄ってくる。そこで、夏越しで収穫をくり返す野菜（クウシンサイなど）は、梅雨明け後に密生部を切り返して生長スペースをあけ、追肥をして早めに効かせておく。

リスクの分散
―同じ野菜を複数圃場に

たとえば、ナス・ピーマン・シシトウなどは、夏の暑い時期を通しての栽培となる。そのさい、前にも書いたように、雨の多い年には日当たりのよい畑が生育・収量がよく、雨の少ない年には少し日陰の畑がよくできる。

だから、両方の畑に植えておくと、どちらかで多く採れる。また、日当たりによって、収穫のタイミングが二〜三週間ずれるようにできるので、成り疲れ時期もずれて、連続して採れることになる。冬野菜でも同じである。この点は、お客さんが待っている宅配には、とても重要なことである。

そして、害虫や病気の発生も畑によってちがうので、被害が全体におよぶ危険を避けられる。病害虫がずれて発生したら、採れるタイミングもずれて、収穫の中断を避けられる。

肥培管理で病害虫に
かかりにくい野菜を

病害虫対策の基本は肥培管理にある。とくに、肥料をやりすぎると、窒素成分が体内での物質合成に消費し切れず、残った分が葉の気孔から出て、それが害虫を寄せつける原因になるといわれる。

また、逆に、養分が不足してバランスが崩れてくると、抵抗力が弱る。たとえば、体を守っている産毛が消え、表面を覆っている油分が減ってきて、害虫の食害や病原菌の侵入を受けやすくなる。病害虫の多発期にはとくに肥培管理に気をつけたい。

鳥獣害対策のいろいろな試み

私のところでは、タヌキ・キツネ・シカ・イノシシ・カラスなどが問題になる。

トウモロコシのタヌキ・キツネ除けには、畑の周囲に一・八〜二mと高めのネットを、外側へ六〇度くらいの傾斜（上が外向き）をつけて張ることで、効果がみられた。

カラス害に対しては、トウモロコシの上に釣り糸を一・五〜二m間隔で張っている（一一五ページ参照）。

ほかに、私の友人がやっているのは、簡易の電気柵をトウモロコシなどで被害が出そうな期間の一〜一・五カ月だけ張る方法。ネットと組み合わせれば、もっと効果があがるのではないかと考えられる。

写真2-28　傾斜をつけたネットとカラス除けのライン（K）

パート 3

私の有機・無農薬野菜づくりの実際

―生育の見方と育て方―

収穫したキュウリ、枝豆、モロッコインゲン、ズッキーニ、ニラ。10種類以上の野菜を入れて個別宅配（K）

果菜類

ナス

●こういうナスをつくりたい

私は有機・無農薬栽培で、個人宅配用に長ナス・水ナス・青ナスの三種類をつくっている。全体に共通して、果実のヘタと実との境がクッキリと三色に分かれているものを採りたい。長ナス・水ナスは、ヘタのすぐ近くが白→次が赤紫→そして黒に近い紫となる。青ナスの場合は、白→黄緑→緑となる。

白は昨夜から今朝までに伸びた分、赤紫はその前夜に伸びた分である。だから、クッキリと色分けされ縞の幅が広いのは、果実発育のスピードが速いこと、樹が栄養をしっかり送り込んで、よく充実したおいしいナスであることのあらわれである。

●長ナス・水ナス・青ナスの魅力を引き出す

種類ごとにみると、長ナスは使いやすく需要が高い。色が黒で艶があり、細く長く四〇cmくらいのものを採りたい。春と秋はこの傾向が強まるが、夏には少し太くなる。

水ナスは生で食べるとみずみずしく、フワッとして甘味があるのでとてもおいしい。これは、色が黒紫で先にいくほど赤紫に変わって、全体に艶があり、握りこぶしくらいの大きさのものを採りたい。

青ナスは色が見た目に珍しく、味もいいナス。黄緑から緑色で艶のあるナスをつくりたい。あまり緑を濃くせず、形は長ナスより少し太くて短いが、三〇cmくらいあるものをつくるとよい。

私が住む高知県では長ナスが昔からつくられており、開花後二一～二五日で収穫でき

写真1　ヘタ近くの3色がクッキリ分かれているナス。長ナスは40cmくらいで採る（K）

る。樹勢は中くらいで肥料の要求量も中程度である。青ナスは開花後二四～二六日で収穫、長ナスより数日長い。樹勢は強く肥料の要求量も多い。水ナスは開花後一九～二三日で、長ナスより数日早くから収穫できる。樹勢は中程度で肥料の要求量は強い。

●低温下のゆっくり育苗で強健な苗を

ナスは、もっとも早く寒中の一月下旬に播種し、本葉一～二枚でポットに鉢上げし、それから二カ月かけてじっくり育て、つぼみが見えはじめるくらいの苗にして、四月下旬ころから定植となる。三カ月から四カ月にわたる長期育苗である。

写真2　定植した苗。がっしり充実した苗を植えたい（A）

播種・育苗について具体的なことは五二ページからをごらんいただきたいが、発酵温床で三五℃を目標に保温して発芽をうながす。発芽後はビニールやラブシートで覆うが、できるだけ光に当て、温度が上がりすぎないようにこまめに被覆をはずし、換気を行なって、とにかくゆっくりと育てていく。

こうして定植苗は、節間は短くて背が低く、葉は小さいが厚く丸みがあって、全体にがっしりとし、本畑に植えてから力を発揮する苗となり、病気にも強い苗ができる。

●つぼみが見えたときが植付け適期

ナスは基本的に三～四本仕立てにするので、株スペースは広くとり、うね幅一・七～二m、株間七〇～八〇cmとする。うねはカマボコ形で、地下水が高い畑なら高く立てる。

定植は苗の第一花のつぼみが見えはじめたころに行なう。早すぎると樹勢が強くなり最初の花が落ちる。遅れると樹勢が弱くなり花が落ちたり、果実はカチカチの石実になりやすい。

また、花が見える方向にそろえて植えると、花が同じ向きにつくので一番果の収穫や整枝が楽になる。定植後はすぐ仮支柱を立て風から守る。

●四本仕立てと切り返しのし方

私は露地での少量多品目栽培なので、ナスの栽培本数は五〇～一〇〇本である。多くつくるときは大きな設備が必要であるが、これくらいの本数だと図1のような設備がよい。

四本仕立てでは、一番花の下の枝を伸ば

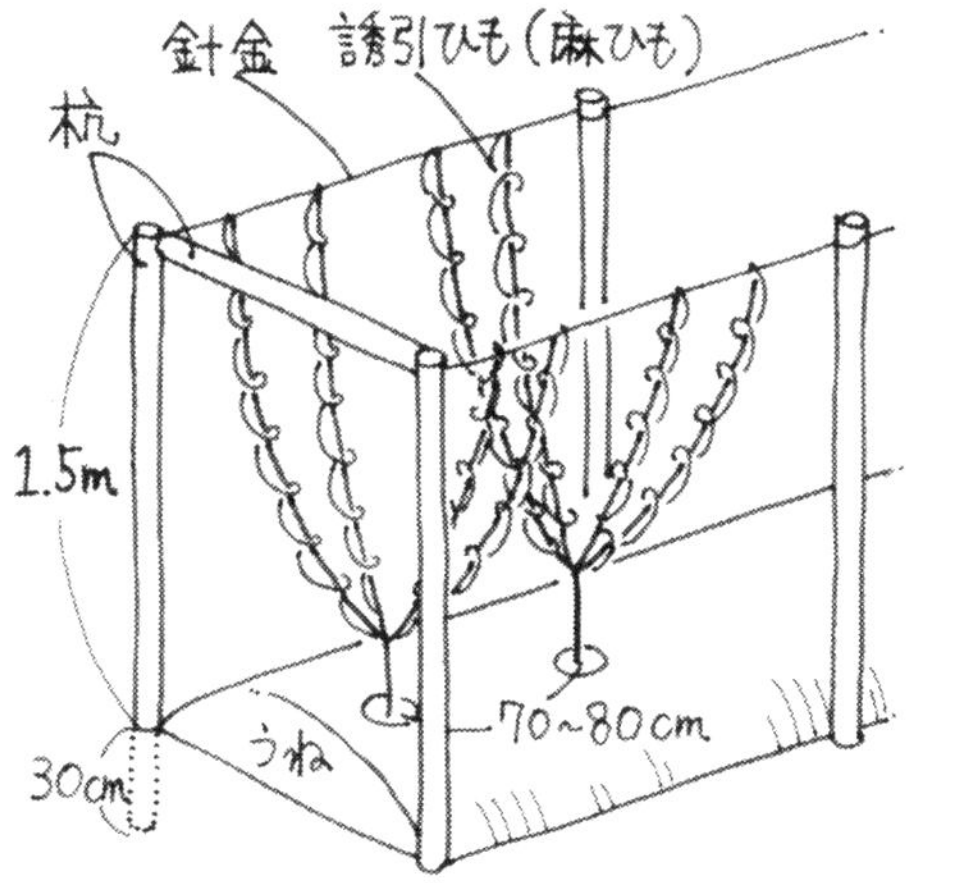

設備は杭と針金で簡易にできる
樹勢が強いときは誘引ひもをゆるめて枝を寝かせる。樹勢が弱いときは誘引ひもを強く引っ張り、枝を立たせる。このように誘引でも樹勢をコントロールする

図1　ナス4本仕立ての設備の概観

写真3　水ナスの2芽切り返しした状態（K）

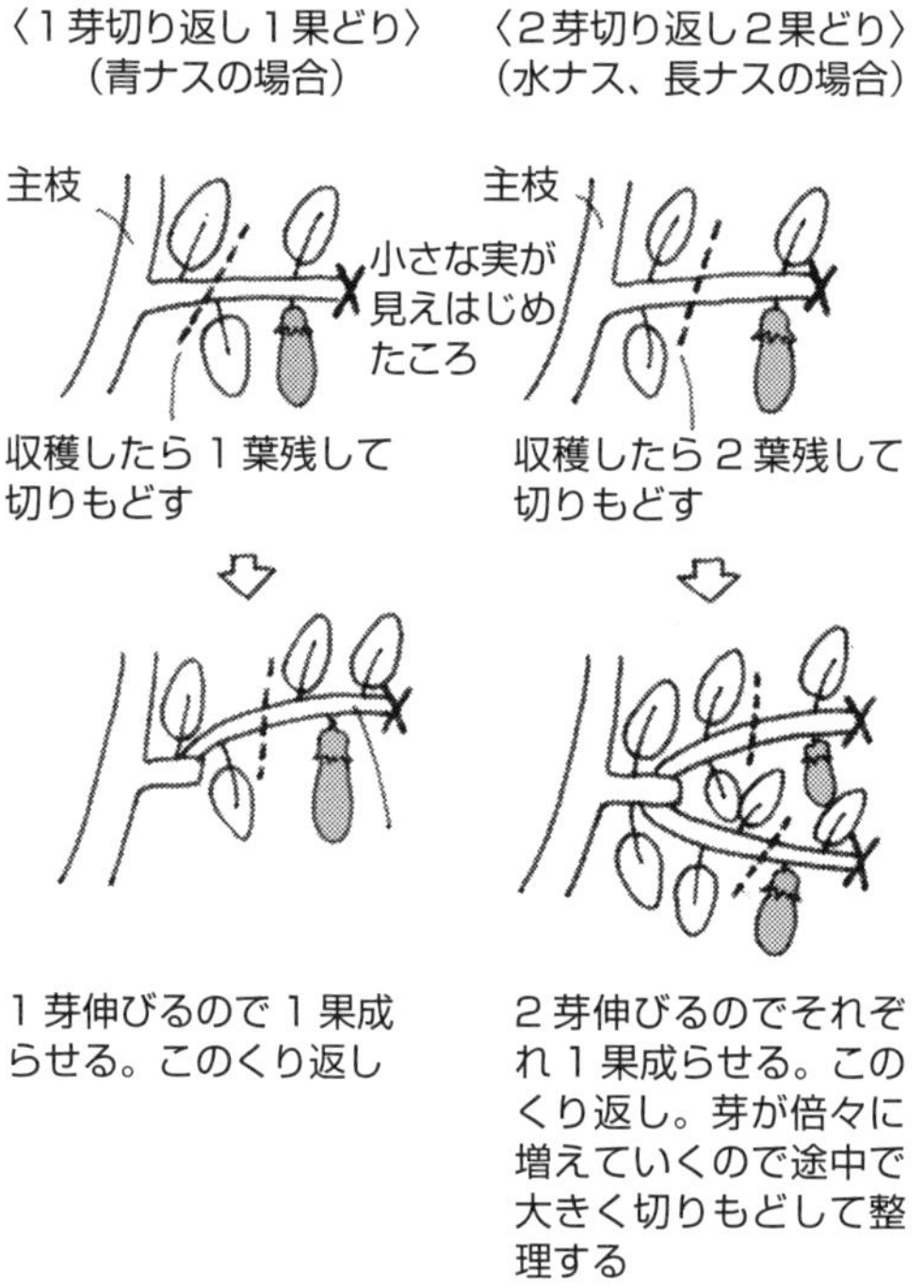
〈1芽切り返し1果どり〉
（青ナスの場合）
〈2芽切り返し2果どり〉
（水ナス、長ナスの場合）
主枝
主枝
小さな実が
見えはじめ
たころ
収穫したら1葉残して
切りもどす
収穫したら2葉残して
切りもどす
1芽伸びるので1果成
らせる。このくり返し
2芽伸びるのでそれぞ
れ1果成らせる。この
くり返し。芽が倍々に
増えていくので途中で
大きく切りもどして整
理する

図2　ナスの種類によってせん定を変える

し、それぞれについた二番花の下の枝をさらに伸ばすことで四本の主枝とする。

　あとの枝はせん定していくが、ナスの種類によって多少ちがう。青ナスは一芽切り返しの一果採りである。一果が大きく重いので一果ずつつけていく。長ナスと水ナスは、はじめの一果を採ったあと二芽を残して切り返す（図2、写真3）。ただ、枝（芽）が多くなってきたら整理して、実の成りすぎに注意する。

●追肥で根を誘導し、根域を広げる

　施肥は以前、耕うん時の元肥をゼロにして、定植時に株元に一握りの鶏糞を置き肥し

写真4　追肥位置
株が大きくなったら通路へ施用（K）

ていた。追肥はそれも含めて、定植後二週間おきに三～四回、樹の状態を見ながら判断して施してきた。

現在では、鶏糞の全施用量の三分の一を元肥で入れるようにし、耕うん時に一〇a当たり一t相当を施している。さらに定植時に一株に四〇〇ccくらいを株元施用し、あと追肥は二～三回、一株に六〇〇～七〇〇cc施している。

定植時株元施用は、すぐに根を引っ張り出す（発根させる）ことが目的である。次はもう少し離れた株間に置く。さらに次はもっと離れたうね肩へ、通路へと、遠め遠めに肥料を置いていく。生育初期の施肥は、肥料の置き位置で根を誘導しながら、できるだけ根域を広げることが狙いである。

●雌しべ、枝の長さで追肥

その後の追肥は、葉の色や大きさなどのほか、花の状態と、主枝の先端から花までの長さを見て判断する（図3）。

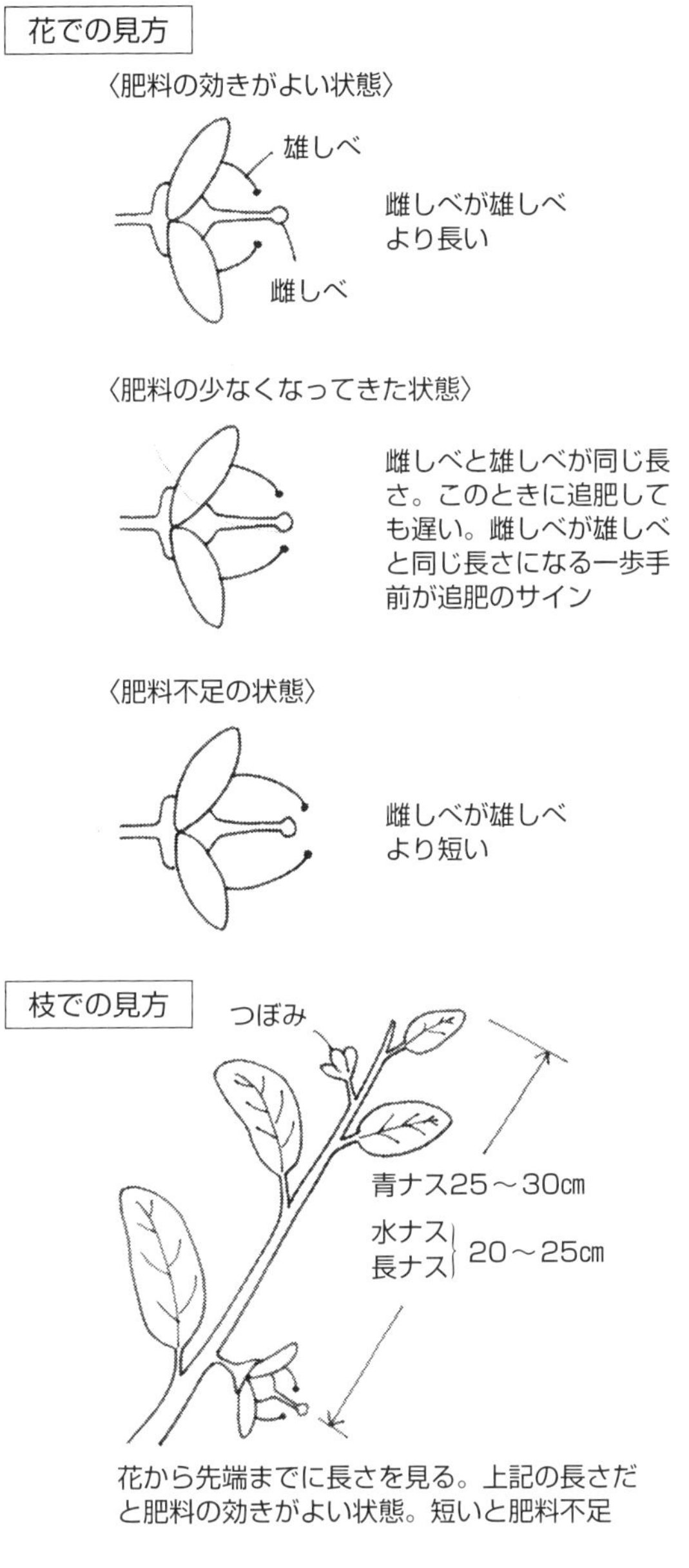

花での見方
〈肥料の効きがよい状態〉
雄しべ
雌しべが雄しべより長い
雌しべ
〈肥料の少なくなってきた状態〉
雌しべと雄しべが同じ長さ。このときに追肥しても遅い。雌しべが雄しべと同じ長さになる一歩手前が追肥のサイン
〈肥料不足の状態〉
雌しべが雄しべより短い
枝での見方
つぼみ
青ナス25～30㎝
水ナス
長ナス
20～25㎝
花から先端までに長さを見る。上記の長さだと肥料の効きがよい状態。短いと肥料不足

図3　ナスの花と枝を見て肥料の状態をチェック

◇雌しべと雄しべの長さで判断

花は雌しべと雄しべの長さで判断する。肥料の効きがよい状態だと雌しべが雄しべより長くなる（長花柱花）が、肥料不足になると雌しべがだんだん短くなってくる。朝見るとよくわかる。

雌しべが雄しべと同じ長さ（中花柱花）になる一歩手前が追肥のサインである。同じ長さか、雌しべが雄しべより短くなってしまう（短花柱花）と肥料不足で、生殖生長に傾いて石実が多くなってしまう。

鶏糞など有機質肥料は効くまでに時間がかかるので、早めに追肥するほうがよい。また、鶏糞の上から水をやると効きが速くなる。

◇枝の長さで判断

枝の長さは、青ナスなら花が咲いた位置から先端までが二五～三〇cmあれば、肥料の効きがよい状態である。水ナス・長ナスは二〇～二五cmくらい。それより短いときは肥料不足である。こうなってしまうと生殖生長に傾いてしまうので、摘果（奇形果をとる）をする。養分は枝葉より最初に実（種子）にいくからである。

逆に、花から先端までが長すぎる場合は、肥料が効きすぎている状態である。栄養生長に傾いているので、葉かきを強めにしてバランスを保つ。

●スプリンクラーで全面灌水

春は、夏に向けて体力をつけるため、肥料は多めにするとともに、灌水して水不足をなくす。秋、寒くなってくると肥料の吸収量も落ちてくるので、灌水を少なめにする。

青ナスや長ナスはプラスチックでできた簡易スプリンクラー（水道水ぐらいの圧力でまわるタイプ）を使い、四〜五日に一回、畑全面灌水する。

ただし、水ナスはとても多くの水が必要である。長ナスや青ナスと同じようにスプリンクラー灌水するが、それにプラスして三〜四日に一回の割合で通路灌水もすると、みずみずしくおいしくなる。

●収穫する実の大きさで樹勢をコントロール

長ナス・水ナス・青ナスの開花から収穫までの日数の基準は、はじめに書いたとおりであるが、実際には、そのときどきの樹の状態を見ながら、樹への負担を考えて前後調整をする。収穫は、樹づくりであり、次の収穫の準備であるからだ。

たとえば、収穫はじめの初夏のころは、少し日数をおいて大きめに収穫して樹に負担をかけることによって、栄養生長から生殖生長へ向かうようにする。夏は、ナスが暑さでバテてくるので、小さめに採って樹の負担を軽くする。

初秋には気温も下がって樹が大きくなっていくので、実も大きくして採り、秋がだんだん深まり寒くなると、皮が硬くなり、ゆっくりと育つようになるので、小さめで収穫していくようにする。

トマト

●こんなトマトをつくりたい

私は、大玉・中玉・小玉の三種類のトマトをつくっているが、それぞれに味がちがい、食

写真1　下の段から上まで連続着果・着花する元気なトマト（K）

べる楽しみがある。中玉・小玉は品種によってもちがうが、甘味が強く、香りよりも旨味や甘味を楽しむようにつくりたい。いっぽう、大玉はその独特の香りと旨味を強くしたい。大玉トマトは、料理に使うとすごい出汁《だし》が出る野菜だと思う。甘味は、香りがよく旨味が強いものをつくるとしっかりついてくる。

このような実を成らせるための樹づくりのイメージとして、発芽初めは葉がやわらかいので大事に育て、苗が大きくなるにつれて水を減らし温度を下げて少し負荷をかける。定植後にはまた大事にし、実がつきはじめたら水を減らし、実が大きくなっていくころには窒素の効きすぎを避けるように追肥する、というように少し負荷をかけていくとよいものができると思う。

●大事な三つのこと
—連作回避、雨除け、整枝・せん定

◇大事なこと①：連作を避ける

トマトは、古くからの品種を自家採種したタネを多く使っている。それを、以前は昔からある畑で栽培してよくできていた。しかし、トマトは連作をきらう野菜なので、畑だけではまわせなくなり、ここ五年ほど開田した畑で栽培してみたがうまくできない。五月初めに定植して、二段目くらいまで収穫したあと、夏がくるころには枯れはじめてしまう。そこで、今後は、昔からの畑にもどそうと思っている。

トマト栽培で気をつけていることの一番が畑選びで、連作を避けるようにすることである。その大きな理由は、連作をすると絶対に味が悪くなる。私は、はじめに述べたように、昔からつくられてきた旨味をもったトマトを採りたいと思っているが、連作をしたら必ず味に悪影響が出て、水っぽくなってしまう。

◇大事なこと②：雨除け栽培

二番目は、雨除け栽培にすることは欠かせない。私の住む四万十町は雨がかなり多いため、どうしても水っぽくなるし、割れてしまう。

私の想像だが、トマトの原産地である南米地方は雨が少なく、朝霧の多いところだと聞いているので、そのような土地に近い条件がトマトには合っているのだろうと思う。

◇大事なこと③：整枝・せん定による樹の管理

三番目は、ほかの野菜にくらべて、トマトは芽かき（せん定）作業が多い野菜である。これは、生命力がすごく強い野菜であり、長く収穫できる野菜だからで、その力を発揮させるために、せん定による樹の管理が重要である。

●寒中に早めの播種でゆっくり育苗

トマトの播種は二月中下旬にしている。露地栽培としては少し早めであるが、トマトは花が咲いて実が採れるまで約二カ月と時間のかかる野菜なので、少しでも早くまくようにしている。

トロ箱にタネをまき、温床に入れ、温度は高めの三五℃くらいにして発芽をうながす。本葉が出はじめたら四・五〜六・五cmポットへ鉢上げする。その後、はじめのうちは保温して活着をうながし、一週間ほどしたら徐々に温度を下げて、ゆっくり育てる、水もはじめのうちは多く与え、だんだん控えめにしていくようにする。

●うね立てと雨除け、植え付け、誘引

定植は三月下旬〜四月初めころで、できるだけ花が見えているような苗を植える。それからできれば、すぐに竹と木で雨除けのビニール屋根をつける。定植はうねを二列にする。これだと雨除けにするときにやりやすい

からである（図1）。

うねは幅七〇cmくらいで、高さ二〇～三〇cm。うねへの植え付けは、土の水分状態や土の量などで工夫する。たとえば、傾斜地の畑に植える場合は、岡（上）の側に大玉、沖（下）の側に小玉・中玉を植えるようにしている。大玉は水が多く必要だからである（図2）。

株間は三五～六〇cm。三五cmくらいだと一本仕立てにし、五〇～六〇cmと広くする場合は二本仕立てにしている（図3右）。

誘引はトマトが揺れたり折れたりしないためにするもので、いろいろな方法があるが、二mに一本杭を打ち、横にマイカー線などを張る方法が揺れにくく、また杭が少なくてすむのでよい（図3左）。なお、一番上の線はエスター線や針金などの丈夫なものにするとよい。

●元肥の鶏糞量は畑の条件や雑草の状態で変える

肥料は鶏糞を使う。元肥は、耕うん時には少量、一〇a当たり二〇〇kg相当入れて、定植したときに株元へ一株当たり一五〇～二〇〇ccを置き肥する。

元肥の量は畑の状態で変え、日当たりのよい畑では多め、悪い畑では少なめ、水はけのよい畑は多め、悪い畑は少なめ、土の深いところは多め、浅いところは少なめとする。また、耕うんのときの土の状態がちょうどよいときは少なめにする。多くするのは、雨で土が湿って少し練り気味になるか、乾燥しすぎてパサパサになったときなどで、それぞれの条件で少しずつ変えている。

写真2　花房から先端の長さ
私の指だと17cmとなり、追肥する時期（K）

耕うん前の雑草の状態によっても、元肥量を調整する。たとえば、イネ科の雑草が多いのはやせた土なので多めに入れるが、ホトケノザやツユクサなどが多い畑には少なめに入れる。また、同じホトケノザでも葉が丸く、丈が膝ほどにも大きく伸びているところには少なめ、丈が足首くらいしかなく葉が尖って色が薄いところには多めに入れる。

●追肥は花と先端を見て判断

追肥の一回目は定植から五～七日たったころに、トマトの状態を見て行なう。そのころに活着ができていれば、鶏糞を一株三〇〇～四〇〇ccほど置くが、活着がうまくできていなければ（根傷みか虫に根を喰われていないかを確認して）二〇〇ccほどの少量の追肥をする。

本格的な追肥は一番花が散って実が少し見えたころに行なう。だいたい定植後三～四週間に一回くらいのペースで少量入れ、最後は、新の盆までに終える。以上で三～四回の追肥回数になるが、これはあくまで目安であり、やはり畑やトマトを見て追肥をするのが基本である。

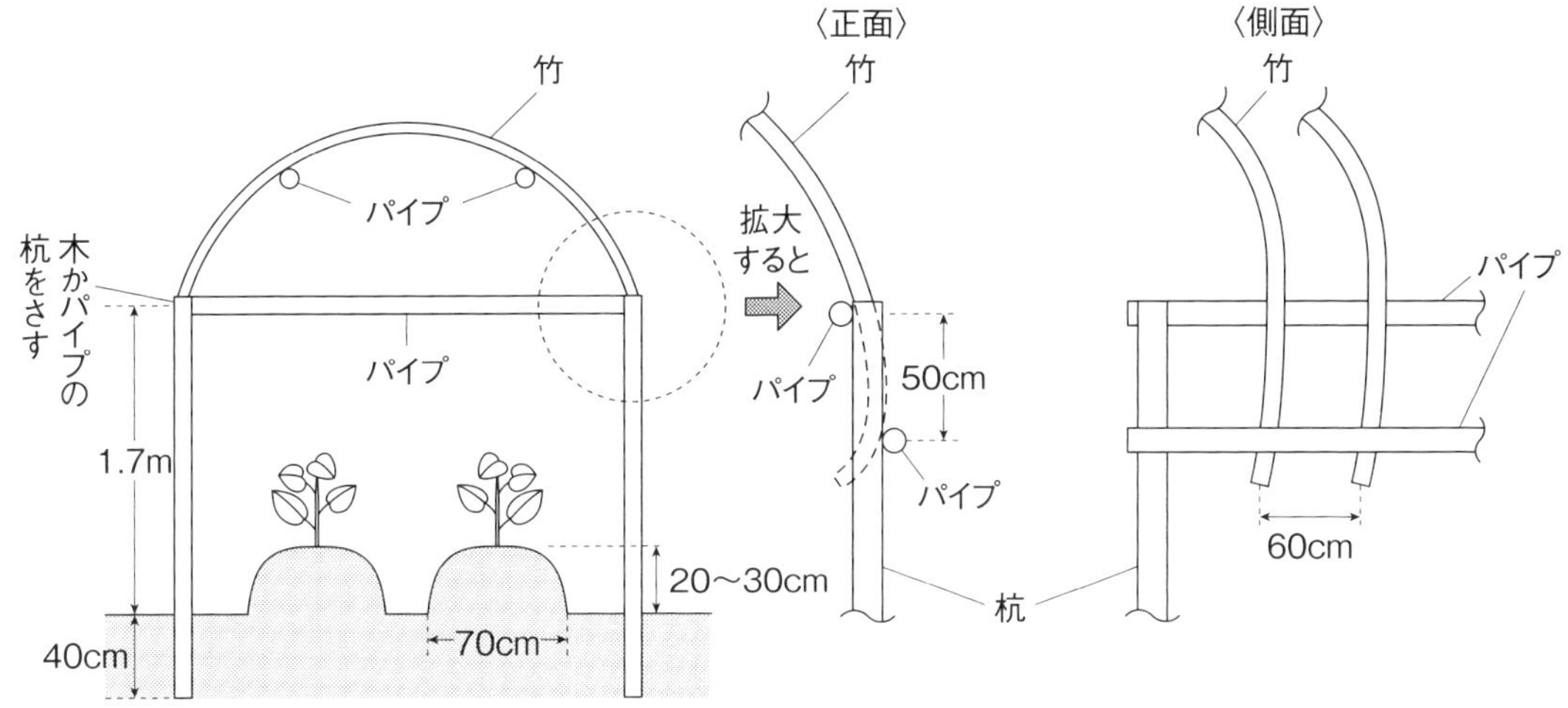

図1　トマトのうね立てと雨除けの手づくり設備

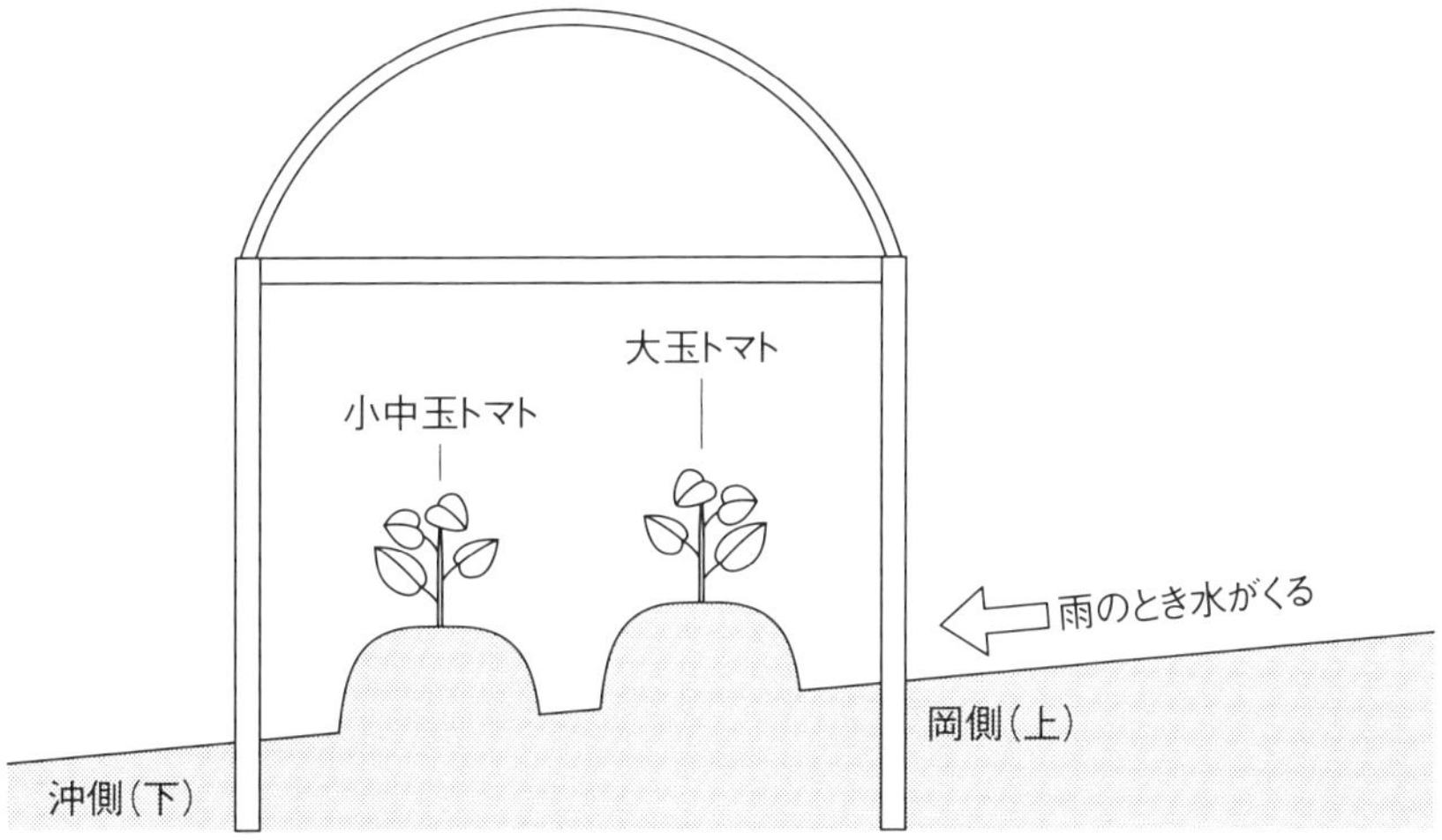

図2　傾斜地では大玉と中小玉で植える位置をかえる

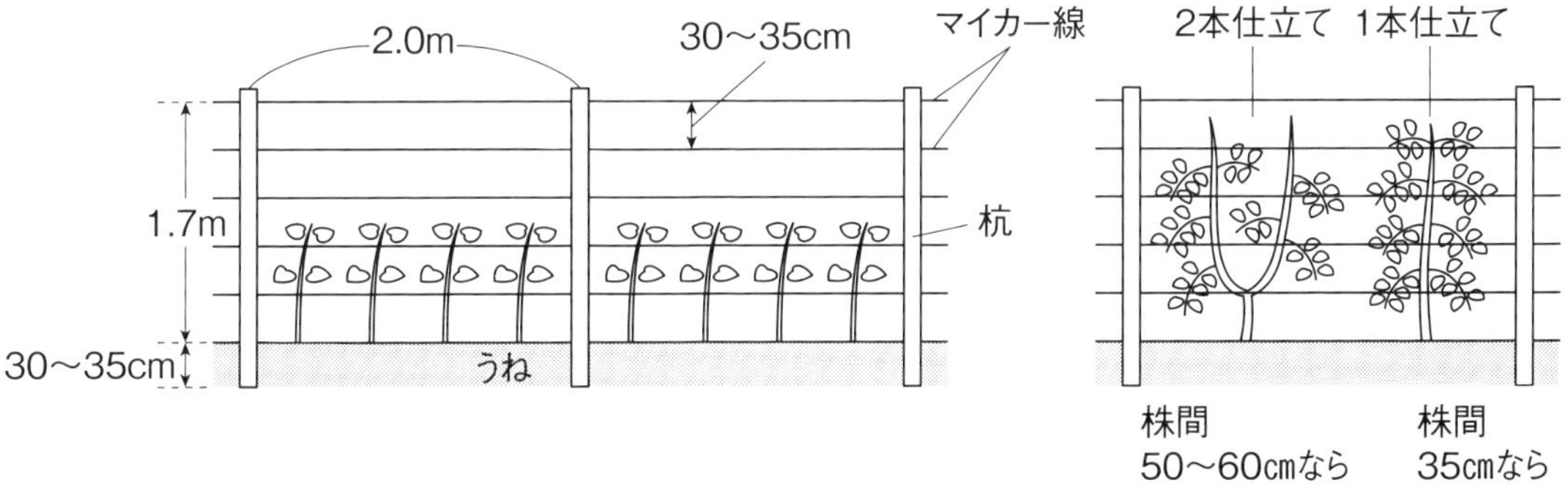

図3　トマトの仕立て方と誘引のし方

追肥の判断をするときの樹の見方は、まず全体を見て主枝の上のほうまで花が咲いていると追肥が必要である。一本ごとに見ると、花の位置が主枝の先から三〇cm以上あると肥料が効いているが、一五cm以内だと追肥が遅れ気味である。また花の雄しべと雌しべの長さで、雌しべが雄しべと同じか雄しべより少し長いときに追肥をすると、遅れない。

追肥位置は、株の小さいうちは近くへ、大きくなったらうね肩、通路と離れたところへ入れていく。

●芽かきは早めに、水やりのポイント

前に述べたように二本仕立てと一本仕立てがあるが、どちらも芽かきの考え方は同じにである。二本仕立ての場合は、最初につく果房のすぐ下のわき芽を残して二本にする。それからあとは、早め早めに摘み取っていく。

芽かきは、実を採り終わった果房より下の葉もかきながらやる。九月を過ぎると芽かきをやめて、そのあとは放任して採れるだけ採る。

水やりはとても大切で、天候や畑の状態を見ながら行なう。定植時は活着をうながすために二～三日に一回のペースで水をやり、そのあとは四～六日以上雨が降らないとやるようにする。実がつくころには七日に一回くらいに減らす。

ただし、水やりを忘れてしまい、土がパサパサになってから水をやると、実が割れるので注意が必要である。そんなときは少しずつ増やしていくように水をやるとよい。

●香り・旨味・甘味を楽しんでもらう収穫

食べた人に大玉・中玉・小玉それぞれの香り・旨味・甘味を楽しんでもらうためには、収穫のタイミングが大事である。実に色がつきはじめるのでわかるが、ちゃんと色がついて完熟状態になったときに採るようにする。

ただし、完熟してもヘタのまわりには少し緑が残っている。昔ながらのトマト品種は、ヘタのまわりが緑色のものが多いようである。

とくに大玉は緑色の部分が少し多めで、中玉と小玉はほぼ真っ赤な状態で収穫する。また、はじめに書いたように、大玉は甘味よりも風味や香り重視の収穫、中玉・小玉は甘味中心に考えて収穫している。

また、おもしろい動きとして、料理用に青玉を好むお客さんが多くなってきていることがあげられる。

ピーマン

●こんなピーマンをつくりたい

大きく光沢があり、中にタネがきちっとついていて、食べるとピーマンの風味があり、少し甘味があるものをつくりたい。私の栽培

写真1　8月の暑さのなかで成り続けるピーマン。11月まで採る（K）

は露地での長期採りで、初夏から秋遅くまで収穫・出荷できるので、それぞれの季節に力を出しておいしいピーマンが採れるように育てていきたい。

春のピーマンはやわらかくて味が薄い、夏は暑さから身を守るため香りが高く少し硬めながらみずみずしく、秋はだんだん寒くなっていくので甘味が増して、水分が少なく力強い感じがする。

なお、ピーマンを樹につけたまま何個か赤く熟らして、一個だけ宅配ボックスの緑色の中に入れて出荷をすると、お客さんに喜ばれて楽しいものである。

有機・無農薬のピーマンづくりでとくに気をつけることは、害虫の予防と斑点細菌病のまんえんを防ぐことである。

●寒中の二月から播種・育苗

◇タネのまき方

播種は二月下旬～三月中旬ころまでにしている。昔は四月にはいってから畑へ直接タネをまいていたようだが、育苗技術の向上で早くつくれるようになった。

タネはトロ箱にまくが、一つのトロ箱にピーマンだけ全部まくと三〇〇～四〇〇本ぐらいできて多すぎるので、ほかの野菜と一緒にまく。その場合、同じ時期に鉢上げできるものか、温度や水などの管理が同じものを、同じ箱にまく。ピーマンだとジャンボピーマン・シシトウ・万願寺トウガラシなどで、いっしょにしたらダメなものはウリ科野菜やナスなどである。

◇育苗中の管理

播種から育苗中の温度や水などの管理は、トマトとほぼ同じである。

播種後四～五日で発芽して、本葉が一枚見えたらポットへ鉢上げする。たいていは六・五cmポットを使うが、苗を大きくして植えたい場合は、少し大きいポット（一〇・五cmなど）で長く育てる。

鉢上げ後一・五カ月くらいで、花が見えはじめたら定植する。苗の生育にはポットの場所などによって少しばらつきが出るので、できるだけ背が低く、葉は丸みがあり厚いものから植えていく。

●日当たりのよいうねにし、深植えを避ける

◇元肥とうねのつくり方

本畑づくりは、定植する一週間前ぐらいに元肥施用・耕うん・うね立てするのがよい。どうしてもすぐに植えたいときは、元肥の量を半分にしてうねをつくる。

ピーマンの畑は日当たりがよく、灌水ができ、肥沃なところを選びたい。また、平のネット仕立てにするので、できれば太陽方向に対して直角になるようにうね立てる（東西うね）。ただし、この点は水はけや畑の条件もあるので、可能ならばでよいと思う。

うね幅（通路含む）を一・八mにして、カマボコ型か台形のうねを立てるが、通路をある程度広くとって、高めのうねをつくる（図1）。ただし、うねの高さは畑の乾燥しやすさなどによって調整する。

◇定植のやり方

定植は四月下旬～五月初めころ、できれば花がみえてからがよい。一条植えで株間六〇cmとする。

植え付けは、ポット土の表面とうね土の表面が同じになるように埋め、深植えにしないように心がける。そして仮止め用の線を張って止める。このとき、苗をくくり締めないように、ひもを二回ぐらいねじって余裕をつくり、線にはしっかり止めるとよい（図2）。

●小まめな水かけ

定植後は必ず灌水する。水が土のすき間を

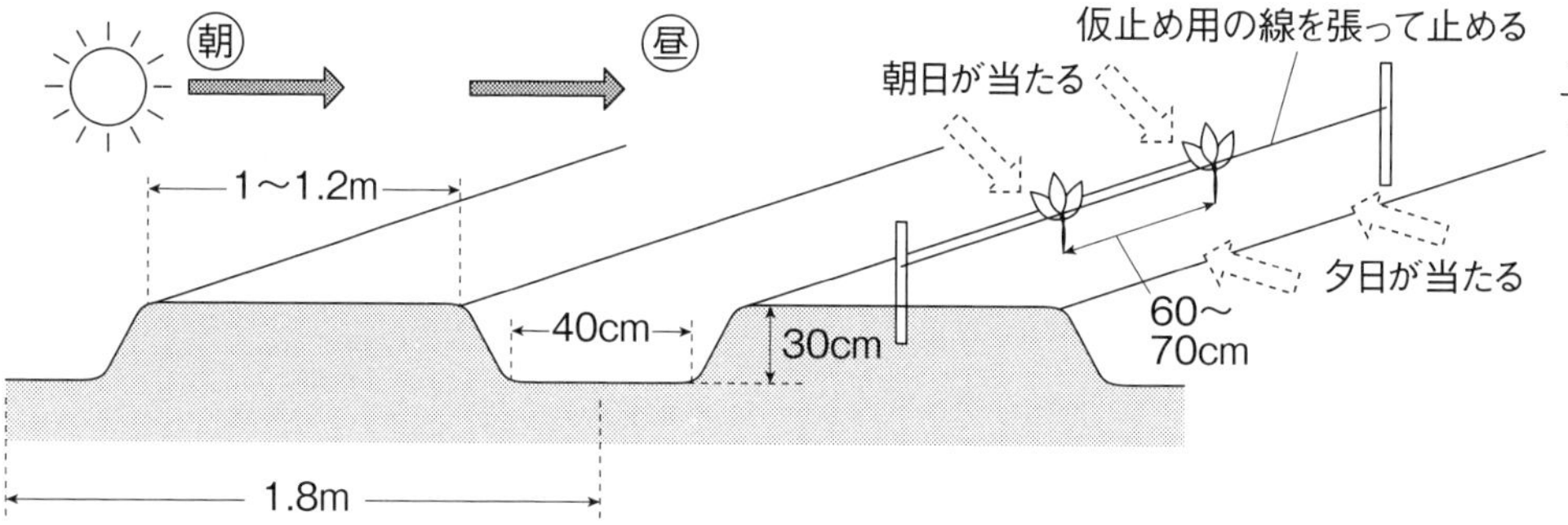

図1　ピーマンの太陽に直角の東西うね
高めに、通路を広くとる

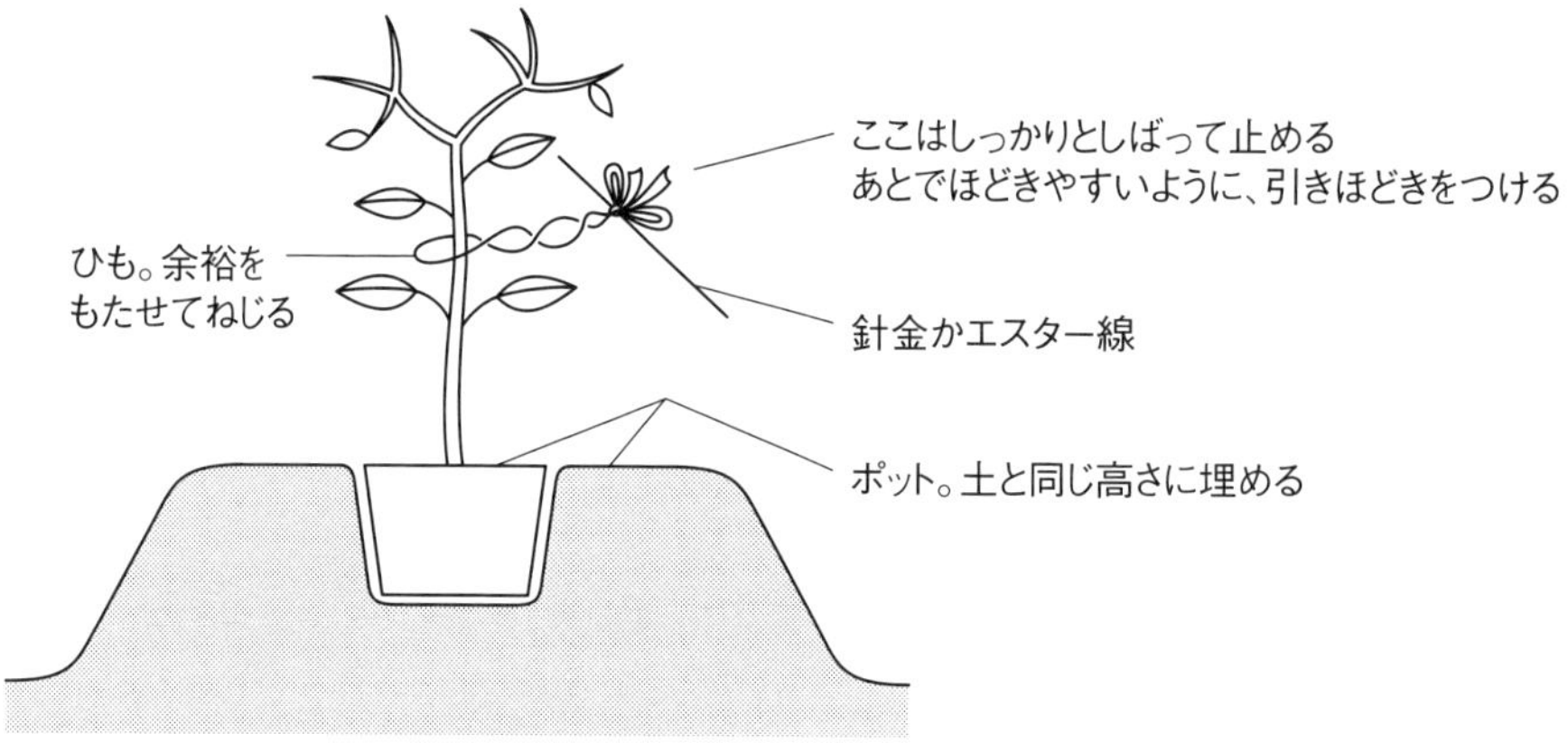

図2　ピーマンの植え方と仮止めのし方

埋めてくれて、ポット土と根とうね土をなじませる効果がある。

その後二〜三日は毎日水をかける。そのあとは二日に一回、三日に一回と徐々に減らしていく（雨のときはやらない）。それから先は定期的に、晴れれば水を入れていく。五月ころは一週間に一回程度、七月の梅雨が明けたあとは、雨のないときには四日に一回のペースにする。また秋になると、水を少なくしていく。以上を標準として、ピーマンの状態を見て水やりをする。

●初期の草引きであとがラクになる

草引き（除草）は、定植後一五〜二〇日に一回のペースで四〜五回するとあとが楽になる。三角ホーかケズッタローなどで、できるだけ土を薄く削って、草が小さい状態で除草する。深く削りすぎないのがコツである。深くすると下の草のタネを上に上げて発芽をうながすことになる。

私の無農薬栽培は除草剤も使わないので、通常七月の梅雨明けまでは草引きに追われる状態になる。たいへんな作業である。八月になるとピーマンの樹も大きくなり、雑草も暑さで弱るので、伸びたら刈る、もしくは引くくらいで対応できる。

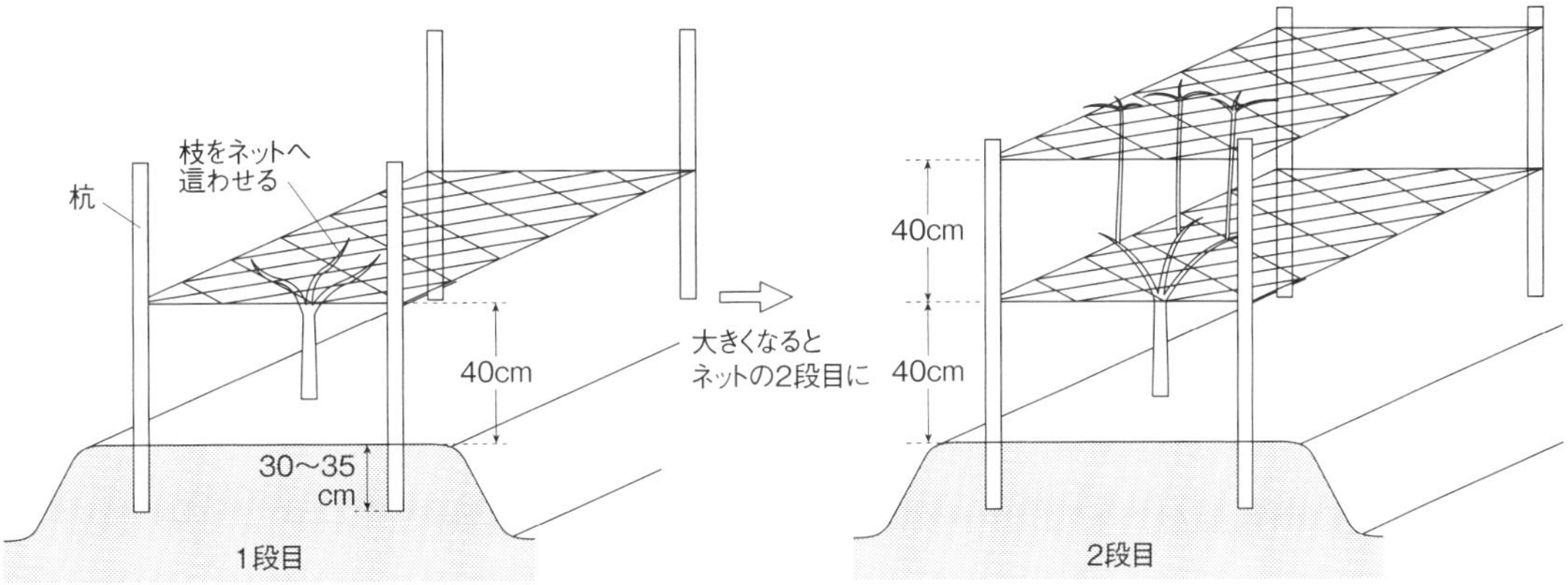

図3　ネットの2段張りと仕立て方

●ネット張りと仕立て方の改良を

露地栽培のピーマンの仕立て方は、ネットの二段張りが多く、私も今はそのやり方をしている（図３）。まず、一段目のネットを張って、枝を這わせる。七月にはいったら二段目を張る。一段目にある程度ピーマンが広がったら、その中から一株で三～四本ぐらいを上に伸ばして上のネットへ這わせる。このとき、下に残った枝は手で押さえて下のネットに這わすか、適度に間引きをして除いていく。

これが普通のやり方だが、下のほうの実が採りにくいなどの難点がある。そこで今、新しいやり方として検討しているのは、ネットを縦に張る方法と、Ｖの字に張る方法である。これでピーマンが採れないかと、少し挑戦をしてみたが、ピーマンは伸びが悪いので樹勢のコントロールがむずかしいように感じる。

●無農薬栽培での病気・害虫の予防

冒頭で書いた斑点細菌病は低温で雨が多いときに発生して、なかなか治らない病気で、雨の多い年は収穫が減る。風の通りや排水、日光の当たり具合をよくすることによってもおさえることができるが、やはり低温期の

写真2　ピーマンの追肥判断。
Aの先端の長さは追肥一歩手前の株、Bの花は雌しべが長く肥料十分の株（K）

五～六月、十～十一月ころに多肥や肥料切れをさせないようにすることで、少なくなる。五～六月に発病するとたいへんな被害になるので、十分注意する。

害虫では、ヨトウムシなどがピーマンの中にはいってきて食べて、中で過ごしている。正直なところ、発生の多いときは一時期まったく採れない年もある。ただ、その時期をしのげば、また採れるようになるので、虫が増えてきたら実よりも樹を残すことを考えて、樹勢を少し強く保つようにしている。

●長期採りための鶏糞元肥施用と追肥判断

肥料は、元肥として耕うん時に鶏糞をうね部分へ、一〇a当たり五〇〇～七〇〇kg相当入れている（畑の状態で変わる）。そして、定植時に、株元へ十能《じゅうのう》で約半分、五〇〇ccほど置き肥する。

追肥は、定植後三〇～四〇日ぐらいに、樹の様子をみながら一回目の追肥をする。鶏糞四〇〇ccを株から一五～二〇cm離れたところへ置き肥する。その後は、ピーマンの開花・着果や樹勢を見ながら施していく。

追肥の判断は、トマトやナスなどと共通で、主枝の先端近くに花が咲いていたり、雌しべの長さが雄しべと同じか短くなるのは肥料不足のサインで、追肥が必要である。

●八月の切りもどし時に最後の追肥

八月初めころに実のつきが少なくなって枝を多く除く（切り返し）ときに、一〇a当たり三〇〇kgぐらいと少し多めの鶏糞を入れると、成りのもどりが早くなる。このときは通路に置き肥する。

収穫は十一月まで続くが、八月の切り返しのときの追肥を最後の肥料としている。秋はピーマンの肥大がゆるやかになるので、窒素の要求も少なくなっていくからである。

秋になって施肥すると味に苦味が出てくる。ひどくなると実が落ちたり、寒さに弱くなったりする。また、秋になるとゆっくり育つようになるので肥料はそれほど必要なくなるし、夏の暑さで傷んでいた根が伸びて元気になり、自ら肥料を吸収しようとする。

●収穫・出荷の楽しみ

◇開花から収穫のテンポを覚えよう

ピーマンは開花後二〇～二五日ぐらいで収穫となる。開花から収穫までのテンポを覚えておくと、収穫のタイミングが花を見てわかるし、たとえば台風でやられたときなど、立ち直って収穫できるようになる期間の判断もできる。

果菜類にはそれぞれの開花後収穫まで期間があり、季節によって伸縮するので、そのテンポを覚えておくとよい。

◇熟れたピーマンもおもしろい

ピーマンは赤く熟れさせると、ジャンボピーマンほどではないが、甘味がありおいしく食べられる。

ただし、熟れるとやわらかくなりやすく、採るタイミングをはかるのもむずかしい。また、熟れるのに六〇日ぐらいかかるので、収穫期のはじめのうちは完熟ピーマンはできないし、虫にさらされる期間も長くなるので、そう多くは採れない。

宅配ボックスに入れると、緑の中で目を引き、彩りとしておもしろく喜ばれるので、できれば一個入れるようにしている。

ジャンボピーマン

●こんなジャンボピーマンをつくりたい

大きく厚みがあり、甘味や独特の香りがあ

るものを採りたいが、果実のひび割れなど、なかなかむずかしい野菜である。きれいでおいしいジャンボピーマンを採るには、葉は少し湾曲して光沢があり、厚みがあるように育てるよいと思う。

　ジャンボピーマンは開花から収穫できるまでに六五日以上かかるので、害虫を予防し、果実のひび割れをさせないように注意する。

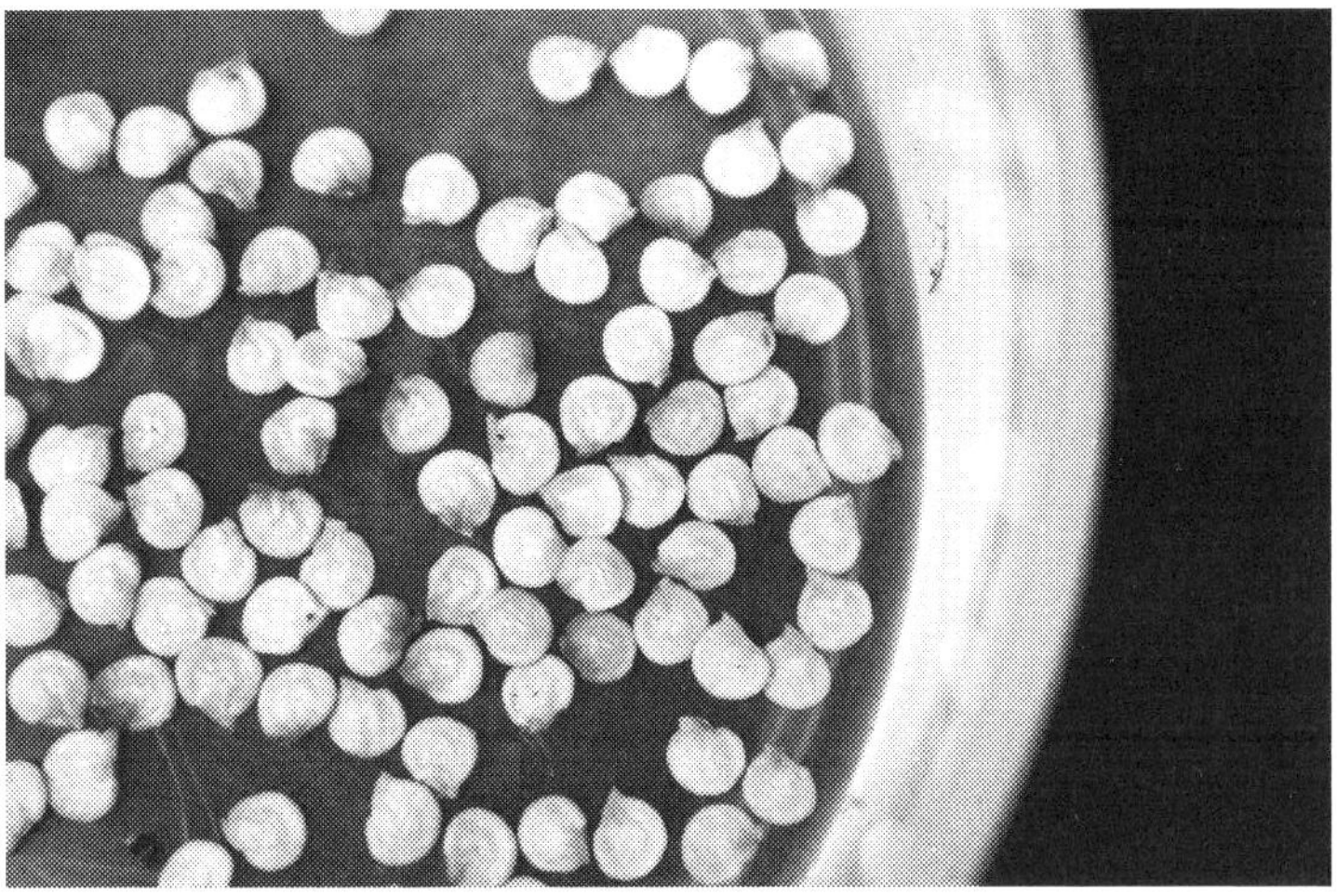
写真1　ジャンボピーマンの自家採種したタネ（K）

●ピーマンと同様に
育苗・定植、雨対策をしっかり

　二月下旬から三月中旬に、自家採種のタネをまき、ピーマンとほぼ同じ方法で育苗する（八一ページ参照）。ちがうところは、苗が大きくなるのでポットの大きさを少し大きめの一〇・五cmのものにする。

　定植時期もだいたいピーマンと同じ四月下旬～五月初めに、同じ方法で行なうが、できれば雨除けで栽培したい。その理由は、露地栽培では雨によって果実にひび割れが生じやすいので、それを防ぐためである。

　雨除け設備のない露地植えの場合は、ジャンボピーマンの樹の上だけでも薄いビニールで覆うと割れにくくなる。

●ネット張りとひび割れ防止対策

　ネット張りと誘引は、私の場合図1の左のようにしている。ネットをVの字状に張って、ネット上に枝を乗せるイメージである。雨除け栽培では五～六本枝を出して、ひもで吊る方法が多いようである。

　露地植えでひび割れ防止のビニールを張るときは、竹を曲げて樹の上に五〇cm間隔にかけて、その竹にビニールをパッカーかひもで

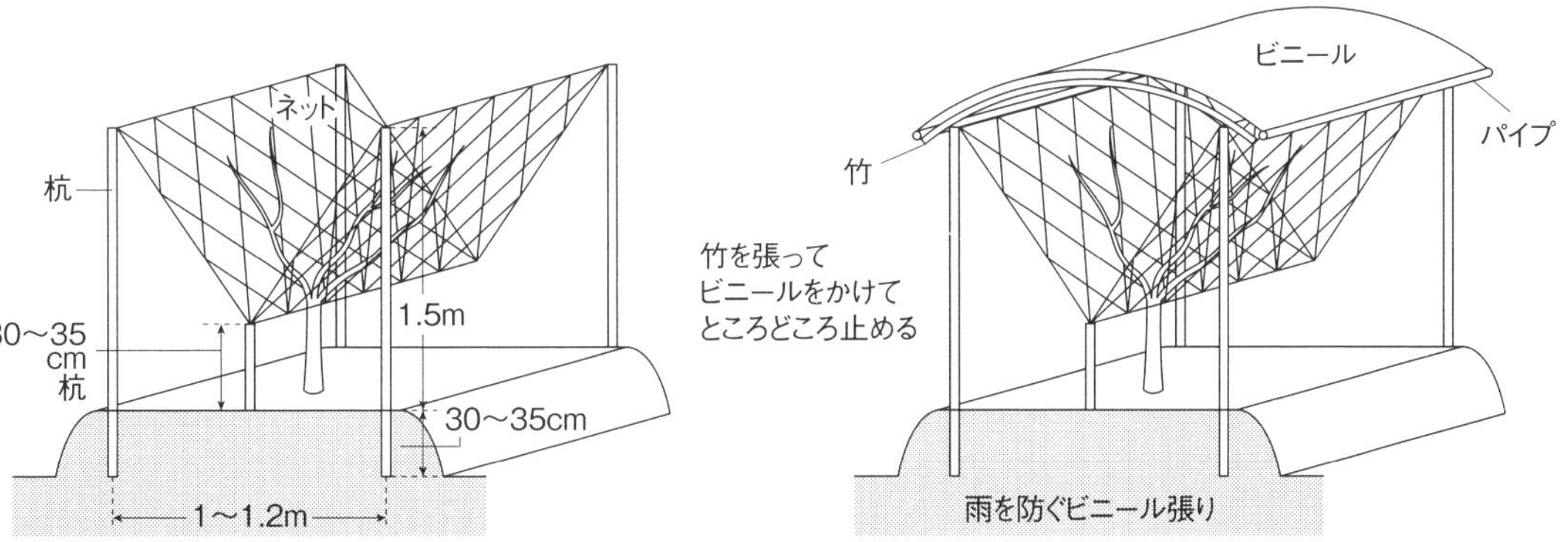

図1　ジャンボピーマンのネット張りと誘引、雨を防ぐビニール張り

ところどころ止める（図1の右）。このやり方では、多くつくることはできないが、二〇mうね一本（三〇株程度）くらいならできる。もっと広く栽培するときは、雨除け設備が必要になる。

草引き（除草）などの管理は、ピーマンと同じ方法でよいが、水やりは徹底してやるようする。

ジャンボピーマンは、開花後の一〇日ぐらいで、果実が長く大きくなる限度が決まってしまうようである。だから、一〇日間の水やりや葉の量などが、その後の実の肥大にすごく影響する。

●夏採り（一～三番花の肥大）を確実にする施肥と管理

◇まず夏に一成りさせよう

露地栽培のコツは、全期間にわたって採ろうと考えるより、初夏に咲く花で一成りさせて、夏の花の着果は休み、秋にもう一成りをさせるようにするというイメージでつくること。まず初夏は、一番花から三番花までの実をできるだけ収穫できるようにする。

◇追肥のやり方はピーマンとちがう

そのためには、水やりが大切であるが、肥料のやり方もピーマンとは少し変わる。元肥はピーマンと同じでよいが、追肥は一回だけ、果実の肥大をうながすために定植後二〇日ころに鶏糞四〇〇ccくらいを置き肥して、あとは八月初め（秋採り用の肥料）までやらない。

開花から収穫までの期間ははじめのうちは六五日以上かかるので（だんだん早くなり六〇日ぐらいで収穫できるようになる）、五月初めに開花したものは七月初めの収穫になる。収穫がすすむ七月中旬から八月初めにかけては、肥料が少なくなっていく感じにつくると、ひび割れは少なくなる。ただし、実際に肥料がなくなってしまってはダメである。

葉の色ははじめから深い緑色にならないように育てるが、肥料がなくなると花が主枝の先端近くに咲くようになってくる。このときは追肥が必要である。

◇ビニールを張って果実を雨に当てない

また、五月下旬～七月中旬ころの果実がどんどん肥大するときは、雨を防ぐビニールをかけると、ひび割れがさらに少なくなる。

果実が雨にあたると病気の侵入を防ごうとして皮を硬くし、また病気でも皮が硬くなって、皮の柔軟性がなくなる。それを防ぐために、この期間ビニールをかけると、七～八月初めにかけてよい果実が収穫できる。

●秋採りのためのせん定と施肥、収穫

◇思い切ったせん定と追肥が大切

次に、秋採り用の準備にかかる。七月に一成りすると、果実が大きいので七月からの花は実にならずに落ちてしまう。落ちずに残った実も八月初めごろからは小さくなり、ひび割れも多くなってくるので、その実は思い切って落とし、枝も一株当たり四～五本残して整枝・せん定して、次に備える。

このとき追肥として、鶏糞を一〇a当たり三〇〇kg相当くらいと多めに施す。さらに、八月の終わりにもう一回、このときは少なめに一株四〇〇ccほど施す。多く入れると花が落ちてしまう。できるだけ、八月下旬にはまた花をつけたいから、肥料の効かせすぎに注意する。

◇開花から収穫まで日数がかかる

これからは、どんどん寒くなっていくので、開花から収穫まで七〇日以上かかるようになる。十月中～下旬ころは赤く熟れさせて収穫するが、十一月にはいると熟れなくなるので、緑色のものは緑で収穫をする。

ジャンボピーマンの果実の色は、緑→黒→赤と変わるので、黒い色の果実はそのままおいて赤くなるのを待って収穫する。したがっ

て、十一月は、緑と赤の両方の収穫となり、やがてだんだん緑だけになっていって、切り上げとなる。

◇ビニールかけはしない

秋採りの場合は、ビニールかけはしないほうがよい。台風で、簡単に止めたビニールはもっていかれるし、寒くなっていくのでひび割れも少なくなる。ただし、きれいな果実は二割も採れればよいと思ってほしい。

なお、雨除け栽培にすると、それが四～五割にアップする。

シシトウ

●こんなシシトウを育てたい

シシトウは収穫期間が長くなる野菜のひとつで、収穫の初期、中期、後期では果実の栄養や食感、味が少しずつちがう。それは、季節の環境に対してシシトウが実を守ろうとするからである。

六月ころの収穫初期は、やわらかくふっくらしている。夏になると、暑さから守るために皮が少し硬くなって、しかもみずみずしい。十月ころになると、こんどは朝夕の寒さから身を守るために、皮が厚くなるとともに、中もパリッとした感じになり、味は甘味が強くなってくる。

このような、野菜の生きる営みの力を引き出しながら、ときどきの色や形、味をつくり、お客さんにもその楽しみを届けていきたい。

●育苗はピーマン・トマトに準じて

私の場合、栽培プログラムは、播種・育苗が二月下旬～三月初め、定植が五月中旬、収穫が六月中旬～十月下旬としている。

二月下旬～三月初めにトロ箱へ、植える本数の三倍くらいのタネをまき、米ぬか発酵温床（五五ページ参照）の上に置いて発芽をうながす。その後、一五～二〇日くらいで本葉が出てくるので、ポットへ鉢上げする。ポットは六・五cmを使うが、苗を少し長く育てたいときには九・五cmポットへ鉢上げする。茎が太く徒長していないもので、本葉が見えてきたものから、だいたい定植苗数の一・五倍を鉢上げする。

あとはピーマン・トマトと同様に、保温、換気、水やりを調節しながら、ゆっくり育てていく。

写真1　順調に着果をはじめたシシトウ
初夏から11月までなり続ける（K）

●二カ所以上に植えて気候変動に備える

◇地力のある畑で二カ所以上に植える

五月に植えて六月から十月いっぱい収穫と、長く栽培しなければならない野菜なので、畑は地力のあるところを選ぶ。また、夏の暑さを通しての栽培なので、少し日陰になるところがよいと思う。

私は、天候への危険分散のために、日当た

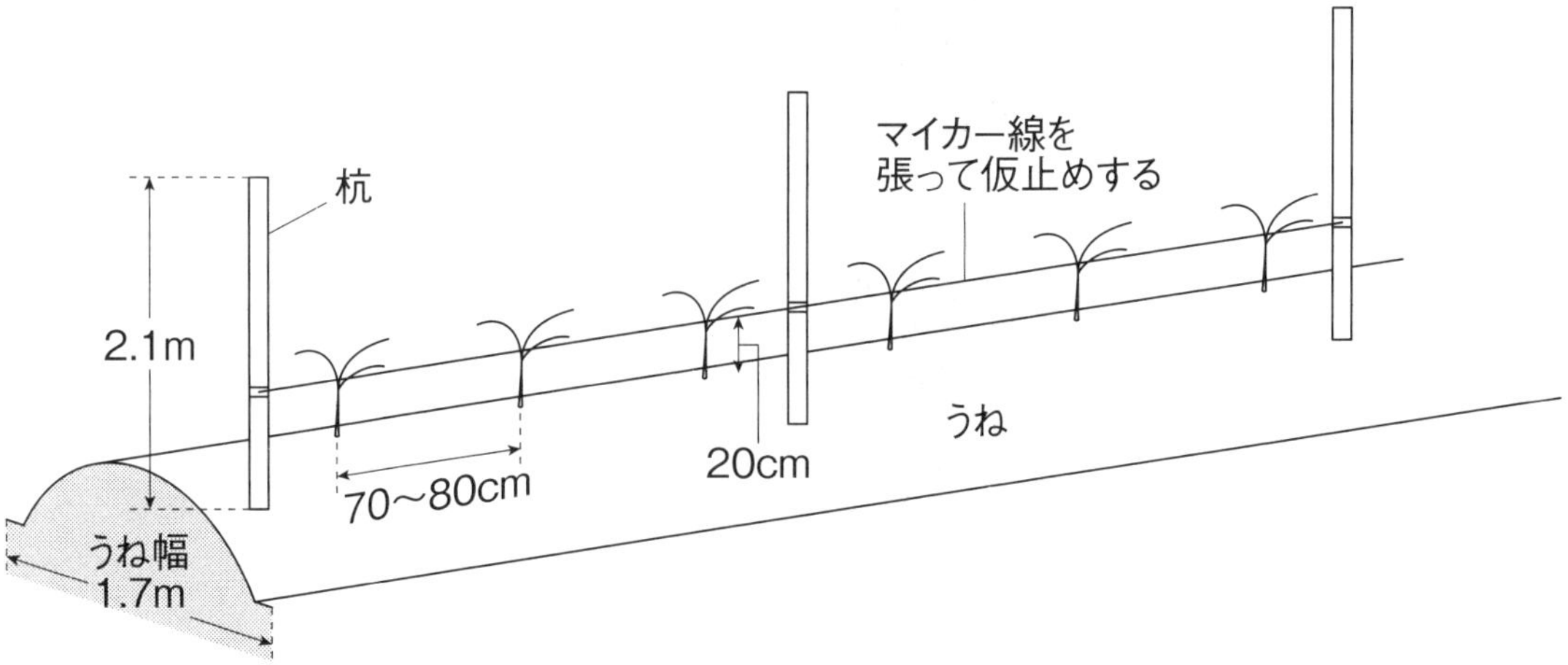

図1　うね立て・定植と仮止めのし方

りのよい畑と日陰ができる畑など二カ所以上に植えて、雨の多い年には前者、少ない年には後者が元気に残っていくようにしている。

灌水のできることも、条件である。

◇植え方と灌水のやり方

うねは一・七m幅で、株間七〇〜八〇cmの一条植えとし、植え付け後、すぐに杭を打ってマイカー線を張って仮止めする（図1）。杭は、あとでネットが張れるように、二・一mくらいのものにしておくと便利である。

定植後すぐに灌水して、ポット土とうね土をなじませる。二〜三日は水をかけて活着をうながす。あとは、雨が降らなければ四日に一回くらいのペースにし、九月にはいると量・回数を減らしていく。

●長期の健全収穫のための鶏糞施用

元肥は、耕うん時にうね土部分へ、鶏糞を一〇a当たり七五〇kg相当入れて、定植時に株元へ一株五〇〇ccくらい置き肥する。

追肥は定植後二五〜三〇日たったころに、鶏糞四〇〇〜五〇〇ccを、小さい株は近くへ、大きい株は離してうね肩のほうへ置く。そのあとはだいたい一カ月に一回のペースで、同量を通路へ施す。雨が多い年は少なめにして、回数を増やして施すと肥料の効きがよい。乾燥の強い年には、水をかけることにより肥料が効いていくので、定期的に灌水することによって肥料のバランスを整えていく。

追肥の判断には、まず畑全体について花が多いか少ないか、花が主枝の先端までできていない

写真2　ひも誘引の垣根仕立て
ひもに主枝を巻きつけて誘引する（K）

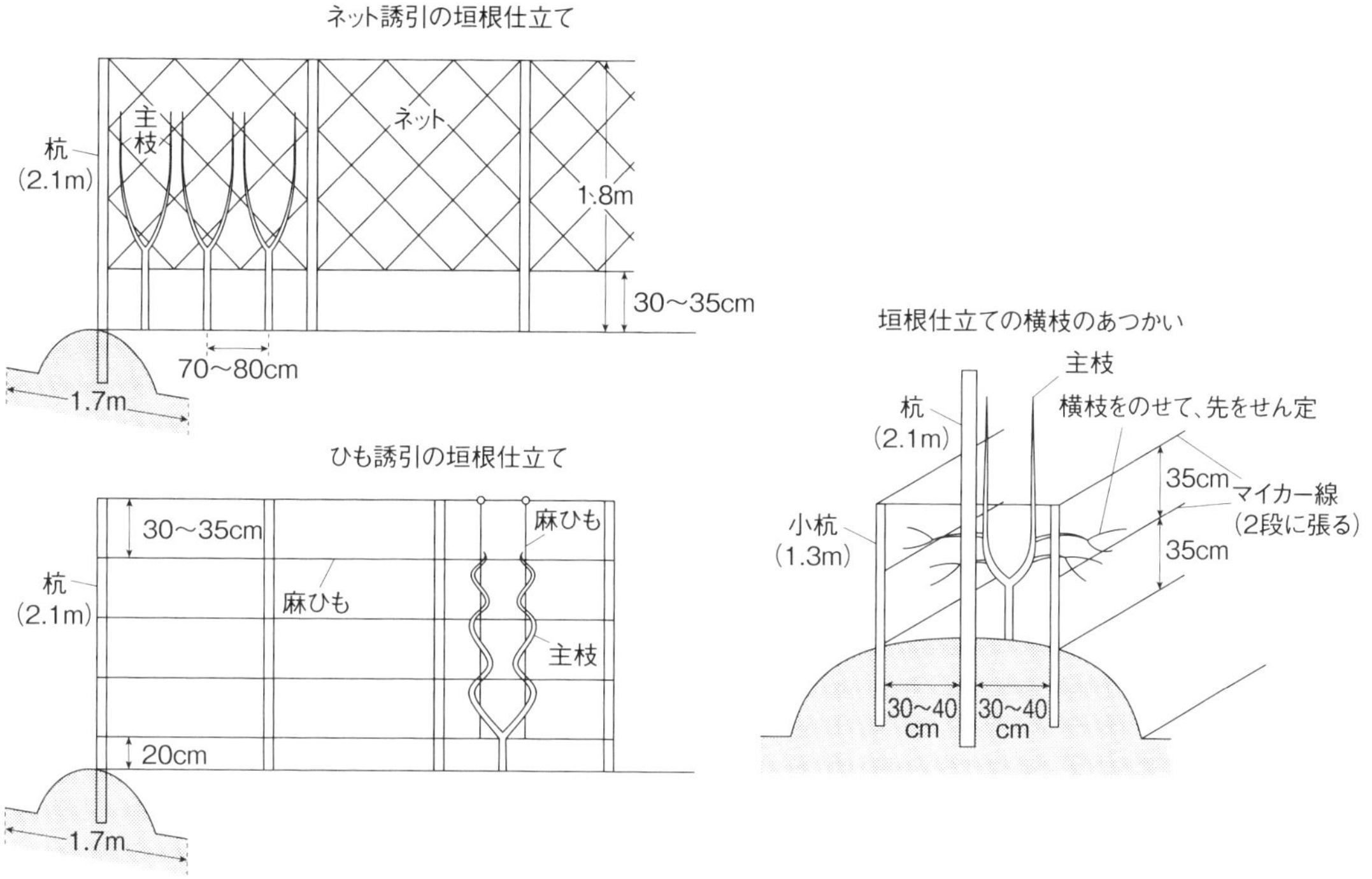

図2　シシトウの垣根仕立ての2つの方法―ひも誘引とネット誘引

か、などを見る。次に、一本ごとに見て、花が多く見えて先端まで咲いている株は肥料切れなので、早く追肥する。

最終の追肥は八月ころとし、その肥料の効きで十月いっぱい収穫する。

●仕立て方と誘引のし方

シシトウは、以前は平型のネット仕立てをしていたが、垣根仕立て（ひも誘引またはネット誘引）に変えた（図２）。ひも誘引の垣根仕立ての場合は、ゆれ防止に麻ひもを水平に三〇～三五cm間隔で張り、いっぽう縦にも麻ひもを張って、これに二本の主枝を巻きつけて誘引する。

ネット誘引の垣根仕立ての場合は、縦にネットを張って主枝を網目にくぐらせて止める。

主枝から出る枝は横へ出し、うねの両肩近くにマイカー線を張って枝をのせて支える（図２右）。横枝が伸びて垂れ下がってきたらせん定する。

垣根仕立ては、収穫時に株にもぐるようにする必要がなく、収穫がひじょうに楽である。採れる量も多くなることがはっきりしたので、現在はこの仕立て方に変えている。

●収穫しながら株の環境をよくする

シシトウは、長さが五～一〇cmになったら収穫する。一般の栽培では毎日収穫して大きさをそろえて出荷するが、私の場合は二日に一回ペースで採るので、大きさはまちまちである。

収穫時には、虫に食われた実や奇形果もいっしょに取り除いていく。また、病気にかかった枝葉なども取り除いていくと、風通しがよくなって生育に好ましい。

万願寺トウガラシ

●こんな万願寺をつくりたい

万願寺は、肉厚で甘味があってやわらかい

ことが喜ばれるトウガラシだ。そこで、実は大きめに育てて、緑色が濃いめで、ヘタから二cmくらいのところがくびれてきて（写真1）、実を割ると中にタネがぎっしりとはいっているものを採りたい。

　このようなおいしい実を採るために樹は、葉は緑色で光沢がかなりあって、少し丸みのあるものに育てる。

　万願寺は枝が旺盛に伸びるので、誘引が必要な野菜で、そのやり方で実の採れる量も決まってくる。だから、栽培のカギは誘引を上手にすることと、私は露地の無農薬栽培なのでヨトウムシなどの害虫が増えて食べられないようにすること、七〜八月初めころに着果・肥大の中だるみがくるので、それを少なくすることである。

●長期収穫に向けて寒中の播種・育苗

　私の栽培プログラムは、春先に播種・育苗して、五月下旬〜六月初めに定植し、収穫は六月から十一月にわたる長期採りである。

　播種は寒中の二月下旬〜三月初めころ、ピーマンなどとほぼ同じ時期で、管理も共通している。タネは自家採種したものを使い、トロ箱に必要な苗数の四倍くらいまき、温床の上に置く。なお、播種の一〜二日前からぬるま湯に浸けておくと発芽が早まる。

　鉢上げは、本葉一枚が見えたころに六・五cmポットへ、必要な苗数の二倍の本数を上げる。このとき、葉に奇形のあるものや、主枝のないものは除き、茎が太くしっかりしたものを鉢上げする。

写真1　ヘタ近くがくびれてきた万願寺がおいしい（K）

●日向と日陰の畑に植えて、夏の中だるみ回避

　ナスやピーマンと同じ長期間収穫できる野菜なので、よく肥えた土で、排水のよいところを選ぶ。灌水のできることも大切である。

　できれば、日当たりのよいところと日陰になるところの二カ所以上の畑に植えたい。雨の多い年には日当たりのよい畑がよく採れ、雨の少ない年には日陰の畑がよく育つ。

　七月下旬〜八月初めの中だるみのころにも、日陰の畑の万願寺は元気で収穫できる。日陰のところには、生長の遅れ気味の苗を、少し遅く植えると効果的である。

　定植は、五月下旬〜六月初めころになる。うね幅（通路含む）は一・七mで、一条植え、株間七〇〜八〇cmにする。うねと株間を広くとり密植を避けることで、害虫や病気の侵入を防ぐ。

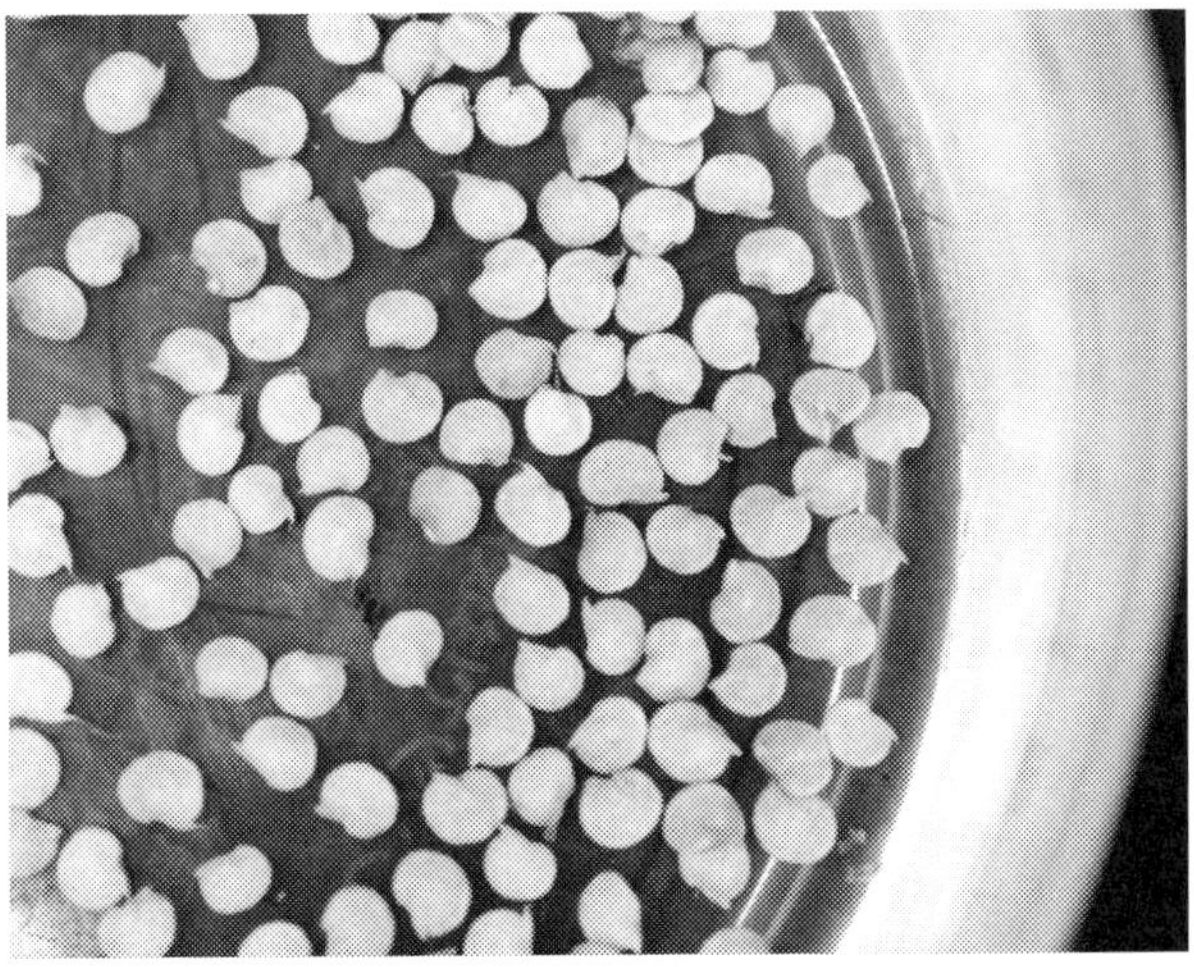
写真2　自家採種した万願寺のタネ（K）

　極端な深植えを避けて、ポット土の表面が

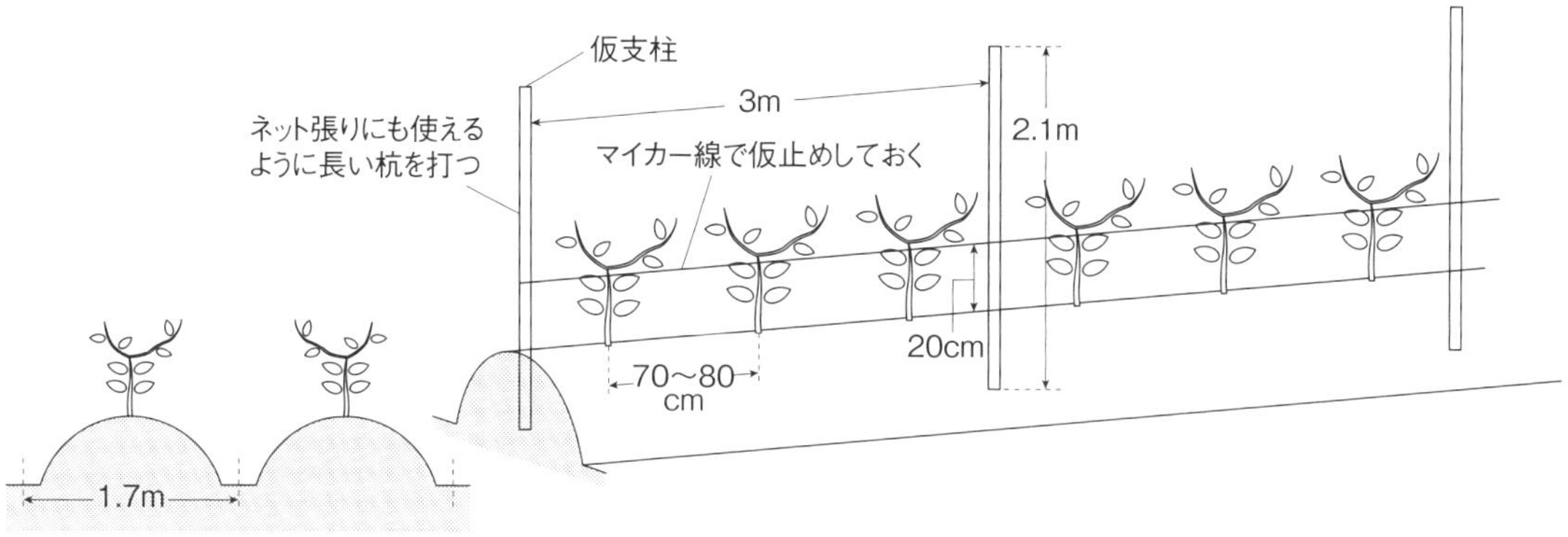

図1　うね立て・定植と仮支柱立て

うね土表面と同じ高さになるくらいに植える。定植後すぐに三m間隔で仮支柱を立てて、強風で倒されるのを防ぐ（図1）。

●追肥は根の伸びる先々へ、夏までに終える

元肥は、耕うん時にうね部分へ、鶏糞を一〇a当たり六〇〇kg相当を入れ、定植時に一株に五〇〇ccほど（十能で半分くらい）、株元へ置き肥する。追肥は、定植後三〇〜四〇日たったら、樹の状況を見ながら、一回目の追肥をする。小さい株には近くへ、大きく育った株は遠くへ（うね肩方向）、五〇〇〜七〇〇ccを目安に施す。

あとは、花つきや、主枝の先から一番上の花までの距離などをみながら追肥していく。全体に花の数が多くなってくると追肥が必要で、先端から花までの距離が二〇cm以下になったら肥料不足である。

おおむね三〇〜三五日間隔で二〜三回の追肥になり、八月を過ぎたら止める。それは、秋に向かって実の発育もゆっくりとなるので養分は少なくてすむし、涼しくなると、夏の暑さで根が弱って吸えなかった肥料を吸収・利用していくからである。

なお、追肥の施用位置は株近くからうね肩、通路へと少しずつ遠くし、根の伸びていくところへと施す。

●大切な誘引とせん定

◇七月初めまでにネットを張る

誘引は、ネットにしている。定植時の仮支柱は三m間隔で杭を立てているので、これに、定植から七月初めころまでのあいだにネットを張る（図2）。

キュウリ用ネットでもよいが、私はくり返し使うため、丈夫なショウガ用の一・八mのネットを使っている。ネットのかわりに、マイカー線やエスター線を二五〜三〇cm間隔で張って誘引してもよい。

◇仕立て方

仕立て方は図2に示すように二本仕立てにしている。冒頭でも書いたが、万願寺は枝が旺盛に伸びて増えてくるので、その中でネットの両側に出た強い枝を主枝として伸ばす。ほかの枝は実採り用に残しておくが、実が多くなってくると下の枝はだんだん垂れ下がってくる。これが地面につく少し前に、せん定して除く。同時に、密植状態となったところの枝も、収穫しながら少しずつ除いていく。

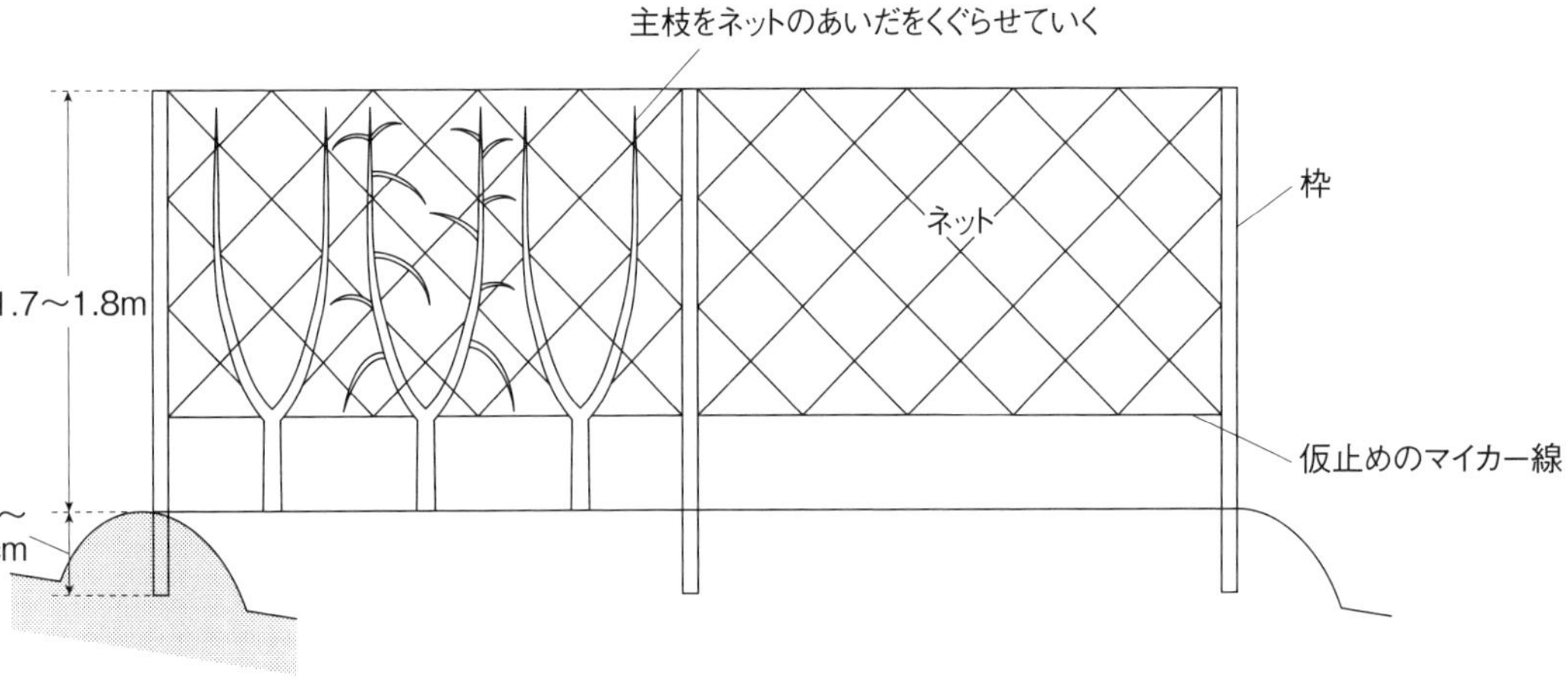

図2　万願寺の2本仕立てのネット誘引

◇八月には枝の切りもどしをする

万願寺の枝は割合丈夫なので、かなり長く持つが、七月下旬ころになると実の成りが少なくなってくる。このころを基準に、また台風がくる前、八月のうちに枝の切りもどしをする（図3）。

切りもどしは、主枝二本を残して、他の枝を強くせん定して空間を広げる。枝を取り除くことで風通しがよくなり、害虫や病気をおさえる効果もある。

切りもどしによって、いったん栄養成長が強まって新しい枝が出ると、再び実の成りがよくなってくる。この切りもどしを日向の畑と日陰の畑で少しずらしてやれば、収穫の途切れる期間を少なくすることができる。

うねの両肩近くにマイカー線を張って、下枝を支えてやる方法がある。樹が大きくなったら二段目にかける。この場合も、密植状態のところや、枝の先はせん定する。

●水やりと除草のタイミング

水やりは、定植時にはポットの土と

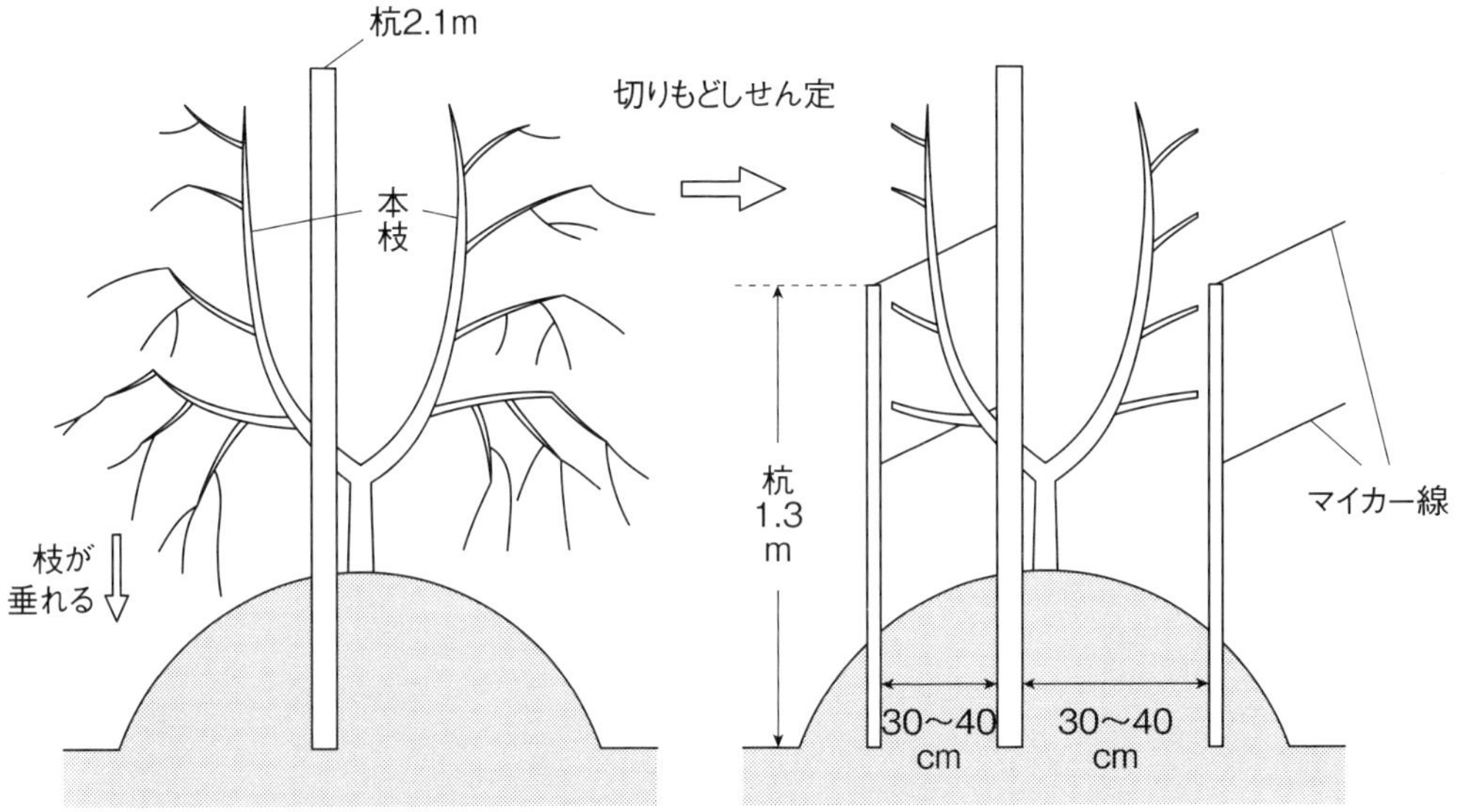

図3　万願寺の下枝の扱いと切りもどしせん定

うねの土をなじませる効果をねらって、しっかり行ない、その後はできれば二日おきくらいに二～三回やる。あとは、夏なので晴れれば四～五日おきに水をやる。

　草引き（除草）は、定植後一週間目に一回目を、三角ホーかケズッタローなどで薄く削り取る。二回目は、一五日くらいたって残った草を削るが、株元は手鍬を使うと便利である。その後は、大きく伸びた草を手で引き抜いていくが、八月以降になると鎌などで刈り取ってもよい。

　作期を通じて五～六回の草取りになる。

●収穫しながら樹をつくる

　万願寺は実がかなり大きくなるので、早めに採りがちであるが、はじめに書いたように、緑が濃くなり、ヘタ近くにくびれが出るまでおくと、おいしい万願寺が採れる。

　また、実が熟すと甘味が増してくるし、赤くて彩りもよいので、宅配ボックスや出荷袋に一個入れると喜ばれる。ただし、赤く熟れるのには開花から二カ月くらいかかるので、八月にはいってからしか採れない。

　収穫作業は、次の着果・肥大・収穫に向けての準備でもあるので、よく観察して、病気や害虫の発生、肥料の効きぐあい、水の過不足などに注意しながら行なう。また、同時に、上で述べたように枝の整理をして密植を避けるようにすると、丈夫で成りのよい樹ができる。

鷹の爪トウガラシ

●こんな鷹の爪をつくりたい

　私はあまり多くつくっていないが、鷹の爪は実がある程度大きくなると、赤い花が咲いたように一カ所に固まって房状になるので、きれいだ。

　その実の一つひとつがきちっと上を向き、実の先端まで丸みのあるもの、乾かしたときしわが少なく、ヘタの近くがふくれており、タネがしっかりはいっているものをつくりたい。そして、辛さのなかに独特の香りがあり、その香りが強いものを採りたい。

　それには、葉は濃い目の緑色で、新葉にいくほど色が薄くなるように育てるとよい。

　栽培がそれほどむずかしい野菜ではないが、一番注意するのは雨の多い年に株元に白絹病や疫病がつかないように心がけることである。あとは、収穫のタイミングをつかむのが少しむずかしい。

●播種、育苗、定植、ネット張り

　春に苗を育てて植え、定植は六月、実は夏を越して肥大・成熟し、収穫は八月下旬にはじまり十一月にはいるまで続く。

◇播種と育苗

　播種は三月下旬に、トロ箱にまく。鉢上げは本葉が見えはじめる四月中下旬に、四・

写真1　上を向いて赤く実った鷹の爪（K）

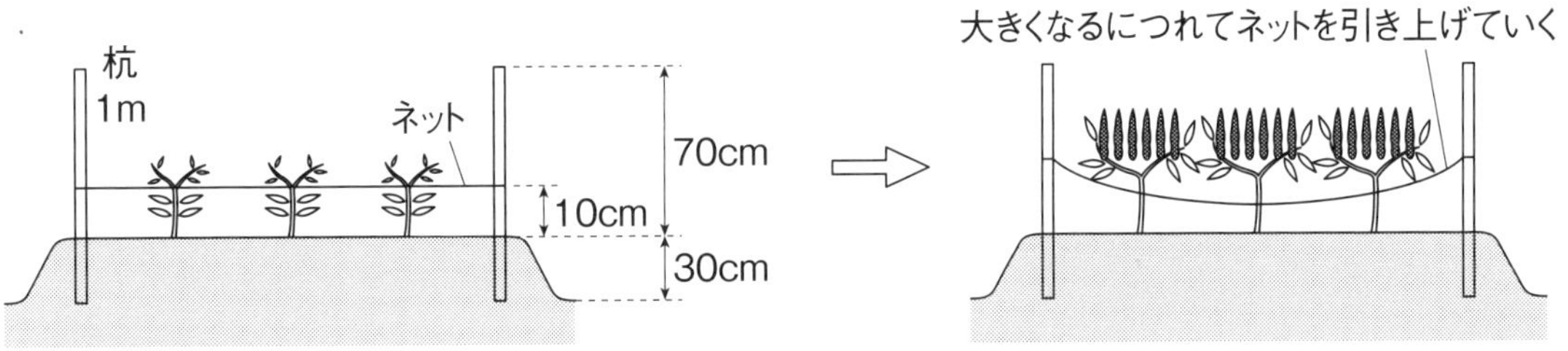

図1　鷹の爪のネット張り、株の保定

五cmポットに移す。定植する苗数の一・三倍くらいを鉢上げする。育苗管理はピーマンなどに準じて行なう。

◇畑の選び方と定植

畑は、少し日陰になるところがよい。ゴーヤやナスのそばに植えると、日陰ができて、実が大きく香りのよいものが採れる。木もれ日がくる程度がよいようである。あとは、水やりのできるところであれば大丈夫だ。

定植は、六月初めから中旬で、花が見えはじめたら植える。うねは幅一・五mくらいで二条植えか、一・八mうねで三条植えにする。

植えたらすぐにネットを張る。これは株が倒れるのを防ぐのが目的で、うねの両側に長さ一mくらいの杭を打ち、株の背丈の三分の二くらいのところにネットがくるようにウネと平行に張る（図1）。はじめはだいたい地上一〇cmくらいになる。株が生長したら、一回上にずらして、倒れないようにする。

●こまめな除草で白絹病を防ぐ

水やりは、夏場には四～五日に一回くらい灌水する。九月にはいって収穫が多くなってきたら、水やりは中止する。

草引き（除草）は、定植後一週間から一〇日たったころに一回目をする。三角ホーかケズッタローなど比較的小さい草の除草に向いた道具で、浅く削り取る。二回目は一回目から二〇日くらいたったころ、削り残しをホーや手鍬で除く。

三回目からは大きくなった草を抜く。だいたい四～五回で終わるが、はじめのころの草引きは、白絹病などの予防につながるので、こまめにするとよい。

●生《なま》ものと乾燥したものを出荷

八月下旬になると少しずつ熟れてくるので、赤い実を中心に収穫・出荷していく。ただし、このころの鷹の爪は「生もの」で、袋に長いあいだ入れておくと腐るので、少しずつしか採らない。

九月中旬になると、赤く熟れたものが多くなってくる。すべての実が熟れるまでおくと、先に熟れたものが病気になったり、変色したりする。逆に青いものが多いと収量が減るので、全体の七割くらいが赤くなったときに、株ごと収穫する。収穫したら葉を除いて吊るすかエビラに広げて乾燥させる。

十一月にはいっても収穫できるので、畑に長く置けるが、遅くなってくると、実が雨にあたって腐ったり、白絹病なども出てきたりするので、注意したい。

キュウリ

●こんなキュウリをつくりたい

私のキュウリは、市販のキュウリより大きくして収穫する。少し大きくすることで、甘味が出ておいしくなると思っている。栽培時期にもよって多少のちがいもあるが（左記）、長さ二〇cmくらい、直径二〜三cmにして収穫したい。

写真1　キュウリは宅配ボックスに長期間、切らさないように入れたい（K）

甘味があるおいしいキュウリを採るために、樹は葉が大きく厚く、毛が密生し、少し湾曲をして光沢があり、茎は鉛筆より少し太くなるぐらいにつくりたい。

「キュウリの栽培時期」

	播　種	定　植	収　穫
春植え・初夏採り	3／初	4／中下	5／中〜7／初
初夏植え・夏採り	5／初	6初	6／下〜8／中
夏植え・秋採り	7／初〜8／初	8／下〜9／初	9／中〜12／初

●露地で長期出荷の栽培プログラム

キュウリ栽培でとくに気をつけていることは、まず無農薬栽培での害虫予防。これについてはあとで述べる。

もうひとつは、宅配ボックスにできるだけ長期間入れるということ。そのために、私はすべて露地栽培なので、年三回つくって収穫をつないでいる。栽培プログラムは、次のようであるが、それぞれの時期に応じた管理の仕方が重要である。以下の作業説明は、そのポイントを中心に書いてみたい。

●播種、育苗—各季節のポイント

春植え・初夏採りの播種は三月初めくらいで寒い季節なので、発芽を順調にさせるため温床を使う。二回目の初夏植え・夏採りは、播種が五月初めころで適温期になり、すごく発芽しやすいので、問題なくできる。

三回目の夏植え・秋採りは七月初めから八月の播種となる。猛暑のこの時期が一番むずかしく、苗床を軒下や屋敷の裏のような少し陰のところにするとつくりやすい。

タネには、おもに〝上高地〟という品種を自家採種し、水に浸して沈んだ充実したものを使っている。発芽温度は三五℃で管理し、水は発芽までは切らさないようにし、あとは少しずつ少なくしていき、ポットに鉢上げしてからは、少し水切れ状態にしてから与えている。

●定植—各作型の畑選び

うねは一・六m幅にして、株間三〇〜四〇cmに植える。

春植え・初夏採りは、定植が四月中下旬ころでつくりやすい時期なので、日当たりのよ

写真2　キュウリ品種〝上高地〟の自家採種したタネ（K）

い畑を選ぶ。二回目の夏採りは、定植が六月初めころになり、雨が多かったり温度が高かったりする時期なので、水はけがよく、少し日陰のところがよいと思う。

三回目の秋採りは、真夏の八月下旬～九月初めに植えることになるので暑さが残るが、一一～一二月まで採るので、植えるところは、日当たりのよい畑を選び、水かけを小まめにする。

●鶏糞施用量も季節で変える

◇植え付け時期と鶏糞の施用量

春植えは少し多めに、元肥として耕うんのときに、うね部分へ鶏糞を一〇a当たり六〇〇kg相当入れ、定植時に株元へ一株に三〇〇ccほど置き肥えする。追肥は一回、実がつきはじめたころに鶏糞を一株に三〇〇ccくらい株間に施す。

初夏植え・夏採りの元肥一〇a当たり五〇〇kgで、追肥は春植えと同じタイミングである。元肥の鶏糞施用量が少ないのは、夏のため栽培期間が少し短くなることと、よく効きやすい時期になるからである。この肥料の効き方はキュウリの樹を見ていればわかると思う。

夏植え・秋採りは元肥を一〇a当たり五〇〇kgやり、定植時に株元へ少し置き肥する。追肥は一回であるが、寒くなっていく時期なので少し多くしてもよい。秋採りは収穫が長期間になることと、寒さで肥料の効きが悪くなるからである。

◇樹勢管理の目安

キュウリのよい生育のための樹勢管理は、ツル（側枝）の太さが下から上まで同じになっていること、また、一番上の開花がツルの先端から三〇～四〇cmのところにきているように育てる。

ただし、キュウリは品種によって着花やツルの太さがちがうので、品種の特性にあわせてつくることが必要である。

●害虫予防はパオパオ、はぐって誘引

虫除けはどの作型も同じで、定植後すぐにパオパオがけをする（写真3）。これは、ウリバエとヨトウムシなどの予防のためである。ツルが六〇～七〇cmに伸びてパオパオにつかえるようになったとき、パオパオをはぐって誘引する。そのころになるとウリバエがいても食べつくすことはないし、キュウリ自体が強くなっているから、被害は少ない。

誘引はどの作型も同じで、ネット誘引する。パオパオをはいですぐに、一八cm目のネットを高さ一・六～一・八mに張って、キュウリをネットにかける（図1）。このときにちょうど追肥もするようになる。

●主枝でも側枝でも採る三本仕立て

整枝・せん定は、パオパオをはぐったときには、五～六本の側枝（つる）があると思うが、三本を残して摘み取る（図1）。キュウリは品種によって、主枝に実が成るもの（節

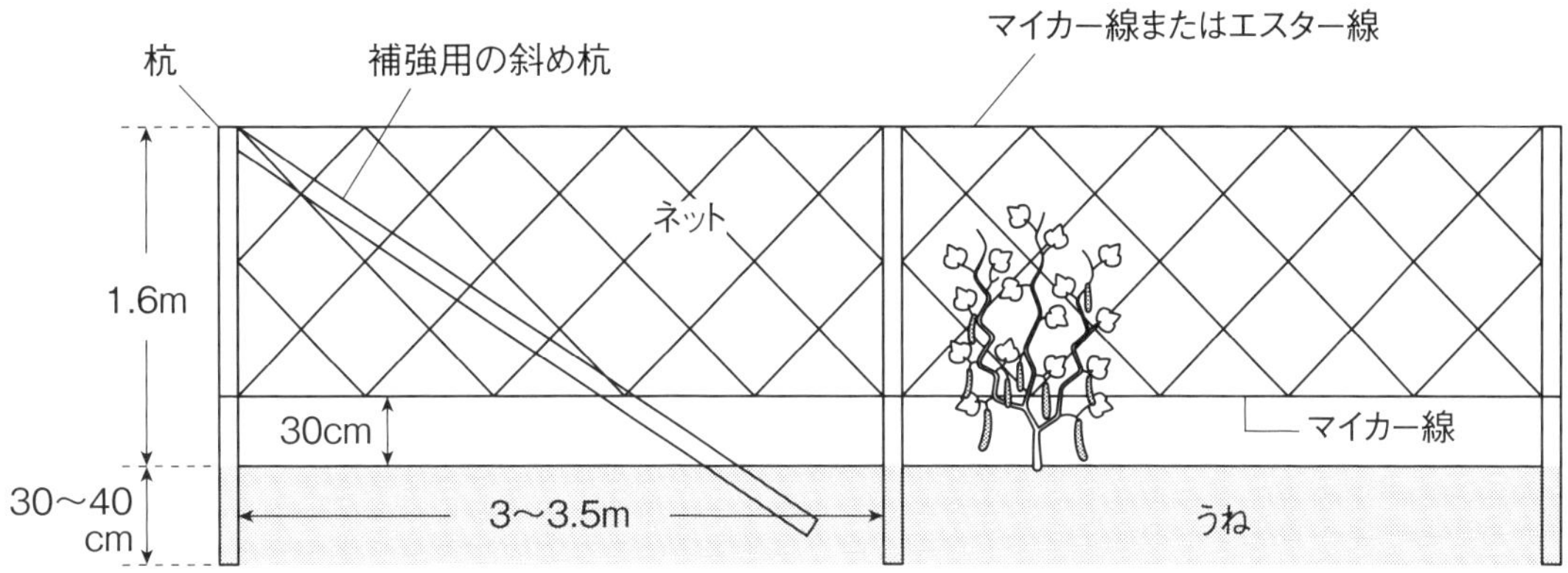

図1　キュウリのネット誘引と3本仕立て

写真3　キュウリ定植後のパオパオがけで害虫を防ぐ（K）

成り）と、側枝に実が成るものとある。

その性質によって少しせん定が変わるが、私が多く使っている品種の上高地は節成りになるが、側枝にも多くの実がつく、ちょうど中間の品種だと思う。そのため、主枝でも採るが、側枝を多く残して側枝からも採って、収穫量と収穫期間を伸ばすようにしたい。

そのため、誘引時に三本に残してからあとは、下のほうが混み合ったときにツルを除く程度のせん定にしている。

●季節の条件にかなった水やりと収穫

水やりは、春植え・初夏採りは少なめでよいが、初夏植え・夏採りは多めにする。夏植え・秋採りはだんだん少なめにしていく。

キュウリの様子や天候によるが、春は一週間に一回、真夏は四日に一回くらい、秋は九月初めころには七日に一回くらいとし、それからだんだん少なくして、最後のほうの十一月には一〇日間晴天が続いたら水をかけてやる。

収穫は冒頭に書いたように、甘味のあるキュウリを採りたいので、ふつうより大きめにして収穫している。そのさい、春は大きくして採り、夏は少し小さめで採る。秋はまた大きくして採るようにすると、収穫期間をかなり長く持続できるし、おいしいものが採れる。

スイカ

●こんなスイカをつくりたい

私は宅配ボックスによる直送なので、スイカをあまり大きな玉にしないようにしている。形はできるだけ丸く、中にスジがはいらず、スイカの香りがして甘味のあるものをつくりたい。

果実の表面の緑縞が黄緑の部分より沈んでいるように育てると、きちっと大きくなってくる。そして、ツルがしっかりと太く、葉は丸みがあって光沢があり、ツル先端の新芽が白く見えるほど毛が生えているようだと、よい玉が採れる。

スイカ栽培で気をつけているのは、接ぎ木苗でなく、中にスジがはいりにくい自根苗でつくるため、樹勢の強い品種を使っていることである。

主に使うのは〝甘泉〟という樹勢が強く根張りのよい品種で、これを自家採種してつくり続けている。市販のタネを買って使う場合は、いまはいろいろ品種が出ているが、やはり樹勢の強いものを探すようしている。

●長期ゆっくり育苗でしっかり苗

私はスイカを二回植えている。早出しは、三月初めの播種・育苗で、四月中ごろに定植し、六月中旬～七月初めの収穫となる。お盆出しは、四月中旬の播種で、五月中旬の定植、八月上中旬の収穫となる。

早出しの播種は三月初めの寒い時期なので、発芽をうながすためにタネを一日くらい水に浸けてからまいている。トロ箱にまいて、温床に置いて保温して発芽をさせる。

三月下旬ころに四・五cm～六・五cmポットへ鉢上げする。このとき移植する苗は本葉一枚くらいで、大きく徒長していないものから選び、定植予定本数の二倍くらい鉢上げしておくとよい。

写真1　スイカはツルが太く先端は毛が密生しているような樹でよい玉が採れる（K）

徒長を防ぐには、保温は発芽をうながすためなので、発芽したら温床から出す。二回目のお盆出し用の播種のときは温床なしで行ない、換気をよくしてがっしりした苗を育てる。

定植は、本葉三～四枚になったときに行なう。

写真2　自家採種している〝甘泉〟のタネ（K）

●排水をよくし、畑に応じたツルの伸ばし方を

畑は、日当たりがよく、水やりできるところにする。また、根の腐敗を防止するため、土が深くて排水のよいところを選び、できるだけ高うねにする。耕うん・うね立て作業も排水に気をつけて行ない、トラクターで耕すときに両サイドを低くするようにする。うね上げには管理機を使うが、うねの高さより通路側の両肩を低くするとよい。

うね仕立ての場合は、幅一・八～二mとり、その片側を高さ三〇cmほどのカマボコ型に盛り上げて植付ける高うねにする。水平に近い畑なら、畑の中央寄りに高うねをつくり、隣りのうね同士向かい合ってツルを伸ばせるように、あいだにスペースを二～三mとる（図1の上）。傾斜地の畑では、畑の下側に植えてツルを上に向けて伸ばすようにする（図1の中）。

植える株数が少ないときには、三mくらいの間隔で、直径一mの土俵型に盛り土をして植える（図1の下）。

●パオパオはトンネル型にしてツル先を守る

定植は、うね仕立てでつくるときには株間2mとする。植えたら、ウリバエの予防のために、パオパオがけをする。かける前に高うねに敷きわらをしておくと、雑草が少なくなるが、わらはパオパオを取り除いたあと、草引き（除草）をしてから敷いてもよい。

なお、パオパオは高うね上にボードか竹でアーチをつくって、その上にトンネルのように張る（図2左）。これは、スイカなどツル性の植物は、生長点が上を向いて三〇cmくらいの高さになる習性があるが、これを被覆資材で押さえてしまうと、ツルの伸びが悪くなったり、折れたりする弊害があるからである。

いっぽう、土俵のように円形に盛り土して植える場合は、盛り土のまわりの直径一・五

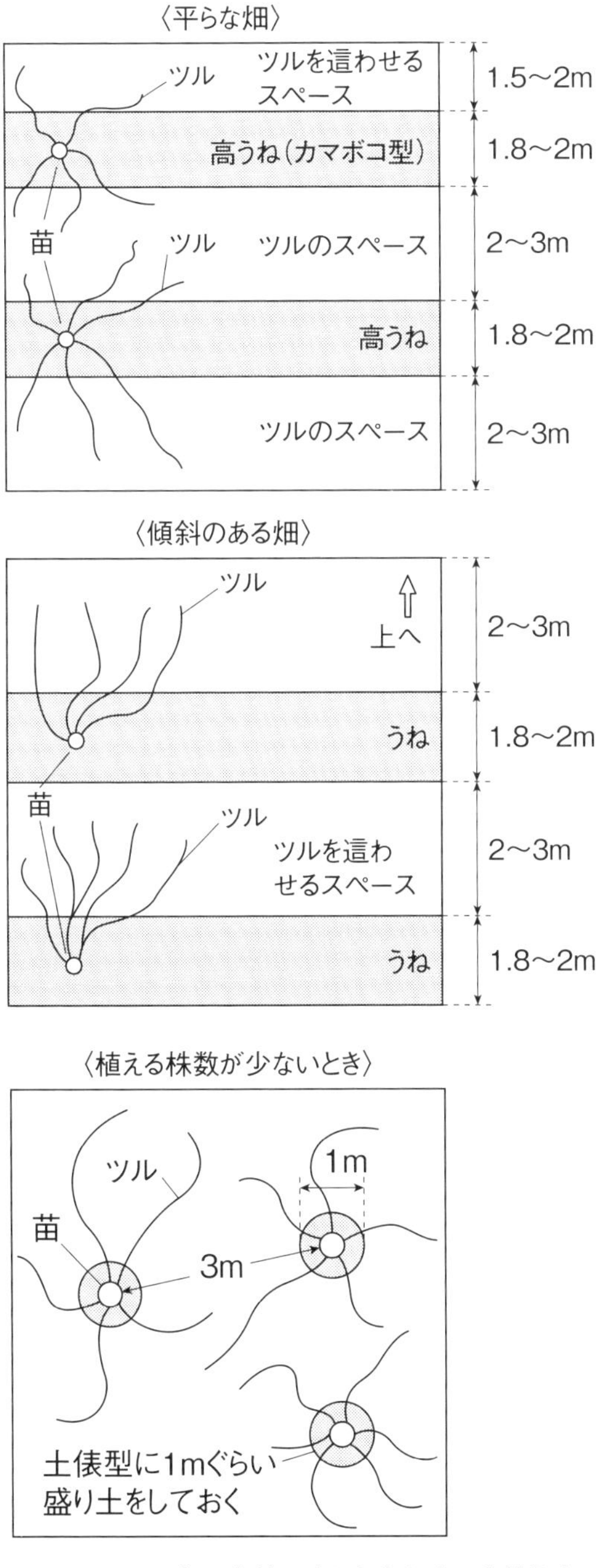
〈平らな畑〉
ツル
ツルを這わせる
スペース
1.5～2m
高うね（カマボコ型）
1.8～2m
苗
ツル
ツルのスペース
2～3m
高うね
1.8～2m
ツルのスペース
2～3m
〈傾斜のある畑〉
ツル
上へ
2～3m
うね
1.8～2m
苗
ツル
ツルを這わ
せるスペース
2～3m
うね
1.8～2m
〈植える株数が少ないとき〉
ツル
苗
1m
3m
土俵型に1mぐらい
盛り土をしておく

図1　スイカの畑の条件に応じたうね立てと植え方

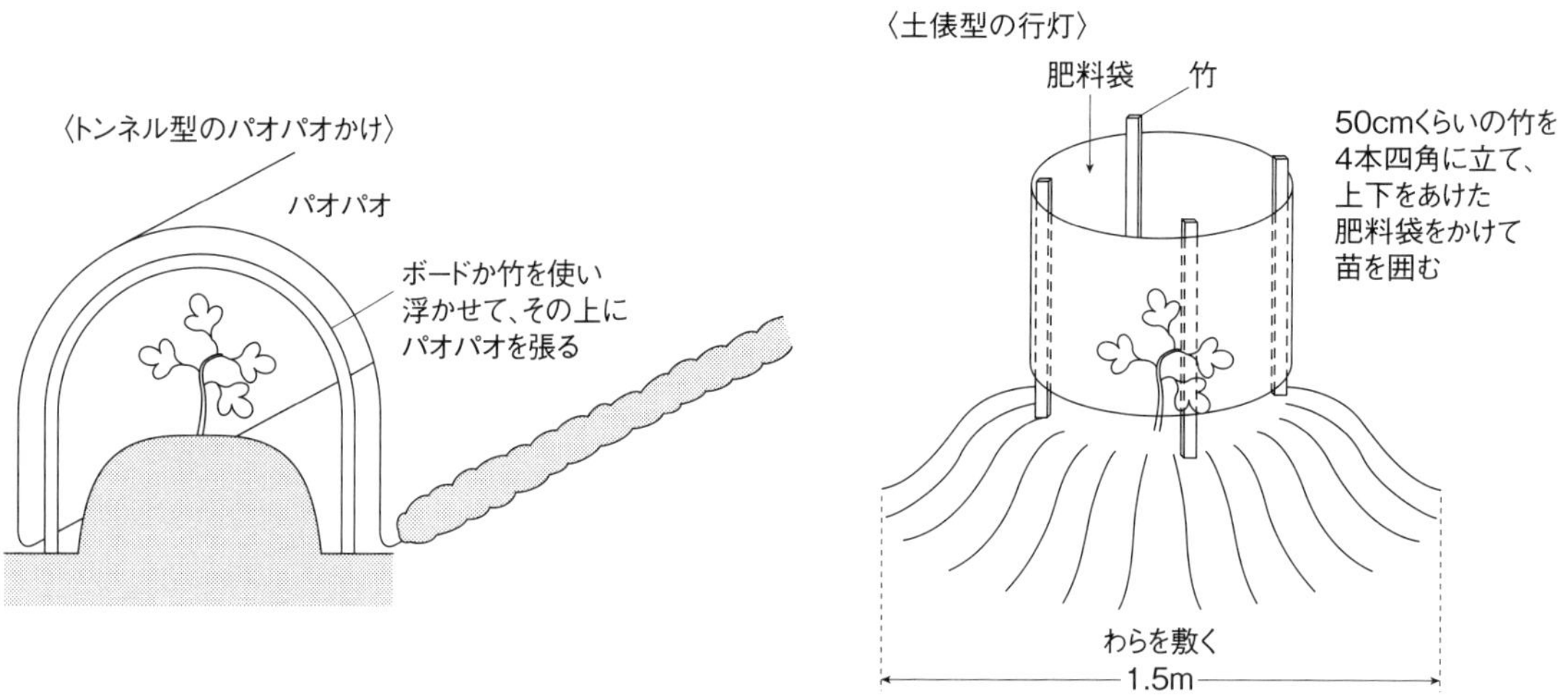

図2　トンネル型のパオパオかけ、土俵型の肥料袋の行灯

ｍほどにわらを敷き、その上にパオパオをかけてもかまわないが、手間がかかる。そこで私は昔のやり方で、肥料袋の上下を裂いて行《あん》灯《どん》のように定植苗のまわりを囲んでやっている（図2右）。

●鶏糞施用の元肥と追肥のやり方
―カマボコ型と土俵型の場合

元肥は、耕うん時に高うね部分だけに鶏糞を入れる。

カマボコ型の場合、うねの長さ四～五ｍに一五kgくらいである。定植時に、株元に一株当たり五〇〇cc（十能に半分ほど）置き肥する。

追肥は一回だけ、パオパオをはぐときに、高うねの下（通路となる部分）のところへ四～五ｍに三kgほど置く。それにわらをかけるか、土を少々のせておくと、肥料が効きやすくなるとともに、雨のときに新芽に肥料が当たらないので好都合である。

土俵型の場合は、元肥として土俵部分に鶏糞を五～六kg入れて鍬で土に混ぜ、その上にまわりの土を盛る。土俵の中央に苗を植えたら、その株元へ一株に五〇〇ccくらい置き肥する。追肥はこちらも一回、肥料袋を除くころに土俵の周りに二～三kg入れて終わりにする。

追肥はどちらも、スイカの状態を観察して行なう。追肥の判断は、ツルの先でサインを読む。朝見たときに先端が三〇cmくらい上に伸びている状態にする。二〇cmくらいだと肥料がかなり減っていて、追肥が必要である。

また、畑が傾斜地の場合は、植えた位置の上のほうだけに入れるようにする。

●パオパオをはいで除草、ツルの整理

定植後二〇～二五日すると、ツルがパオパオに当たるようになるので、パオパオをはいで、すぐに一回目の草引き（除草）をする。わらを敷いた高うねや土俵部分は、わらのあいだから伸びたものを手で抜き取る。高うねのまわりに生えているものは、管理機やトラクターを使ってたたいておくと、雑草が少なくなる。

わらを敷いてない場合は、ツルが伸びていないところは三角ホーなどで削り、ツルのあいだは手で、できるだけツルに当たらないようにして抜き取る。

一回目の草引きのとき、ツルを四～六本くらいにせん定・整理し、伸ばしたい方向へツルの先端を少しだけ向けてやると、伸びる方向が決まる。傾斜地では上へ向けて伸ばせるようにコントロールする。

あとは、雑草が伸びてきたら高うね・土俵

の上は手で抜き、まわりは三角ホーや管理機を使って取り除くが、だいたい二〜三回やることになる。

●水やりは畑全面に、鳥獣害対策の工夫

水やりは、スイカの肥大・成熟が七月と暑くなっていく時期なので、降雨がなければ四〜五日に一度灌水する。私の場合、スプリンクラーで畑全面に散布している。プラスチック製なので、水道水の圧力で六〜七mくらいはなんなく飛ばせるので便利である。なお、うねだけでなく全面に散水するのは、根の伸びていく全体に水をやるためである。

それから大切なのは鳥獣害対策。獣害防止には、パオパオをはずしたころにツルが伸びる範囲を防風ネットで囲む。このとき、ネットは少し外へ倒して張ると効果がある。カラスなど鳥害には、畑の上面に釣り糸などを二m間隔で、高さは人が通れるように一・八mくらいに、張る。ただし、カラスが一回でもはいってスイカを食べたあとだと、張っても効果が薄いので、実がつく前に張るようする。

写真3　スイカのツル先が朝には30㎝くらい上を向いている樹勢を維持（K）

写真4　スイカの収穫日を見分ける目印
棒に色ちがいのテープを巻いてある（K）

●収穫適期の判断

スイカは、果実がピンポン玉の大きさになった日から二八日くらいで収穫になる。そこで、二〜三日に一回のペースでまわり、ピンポン玉大の実の近くに棒など挿して目印とする。その棒には月日を書いた札をつけるか、日によってテープの色を変えて張っておくと、色で収穫日を決めることができる。

ツルの枯れ具合からも収穫適期を読むことができるが、出荷する場合は熟度に責任があるので、棒の印をつけて判断するようにしている。

なお、小玉の二〇日スイカは、印をつけてから一九日から二〇日で収穫適期となる。

カボチャ

●こういうカボチャをつくりたい

私がつくっているカボチャは、多くの人がつくっている西洋カボチャの栗カボチャなどと、和カボチャの万次郎、そしてペポカボチャの仲間であるズッキーニ。宅配をしているので、特徴や収穫時期がちがうもの、貯蔵性のあるものをつくるようにしている。

収穫したとき、地面に接している部分の色が、黄色近くなっているものがおいしいカボチャだ。もちろん色は品種によって異なるが、黄色味を帯びることは、収穫適期のサインである。

ただし、ズッキーニは若採りするため、見方が少しちがい、これは形のよいものを選ぶ。真ん中がふくらんでいたり、頭や尻部が大きくなったりしているものは、受粉不足の可能性が高く、腐りやすい。

写真1　西洋カボチャと自家採種のタネ（K）

ほっこり系の栗カボチャなど西洋カボチャ

●苗は水を少なくじっくり育てる

ほっこりとした食感の栗カボチャは、三月初めにタネをまき、苗を育てて四月中下旬に定植し、収穫は七月中旬～八月初めになる。またほかに、同じく西洋カボチャで冬まで貯蔵できる品種もつくっている。

春まきの作型は播種時期が低温になるので、雨よけハウスで育苗する。気をつけていることは水を多くやらないこと。そして、ゆっくり育てるために、蒸し込まないようにできるだけ換気すること。

水はポットの土の表面が白く乾いて、いくつかの苗が少ししおれるまでやらない。そうなってから、ポット全体に水が行き渡るようにたっぷりとやる。根に力がある、こぢんまりした苗になるように育てる。

●定植位置とツルの方向は畑の傾斜にあわせる

定植は本葉四～五枚のときに、本数は一〇aに四〇～五〇株植え相当とする。植え方は、畑の傾斜にあわせて決めている（図1）。

水平なら畑の中央、傾斜がきついところは畑の下へ植える。生長点は上に向かって伸びたがるので、傾斜地の上に植えてツルを下に伸ばすと養分がいかなくなり、実がつきにくくなるからである。

株間は水平畑なら一・五mくらい、傾斜地はどの株も同じ上方向にツルを伸ばすので二mくらいと広めにする。うね幅はどちらも一・五～二mにし、そのなかに元肥として一株あたり鶏糞を半袋（一袋は一五kg）入れておく。

定植後は株元にわらを厚く敷く。苗にはパ

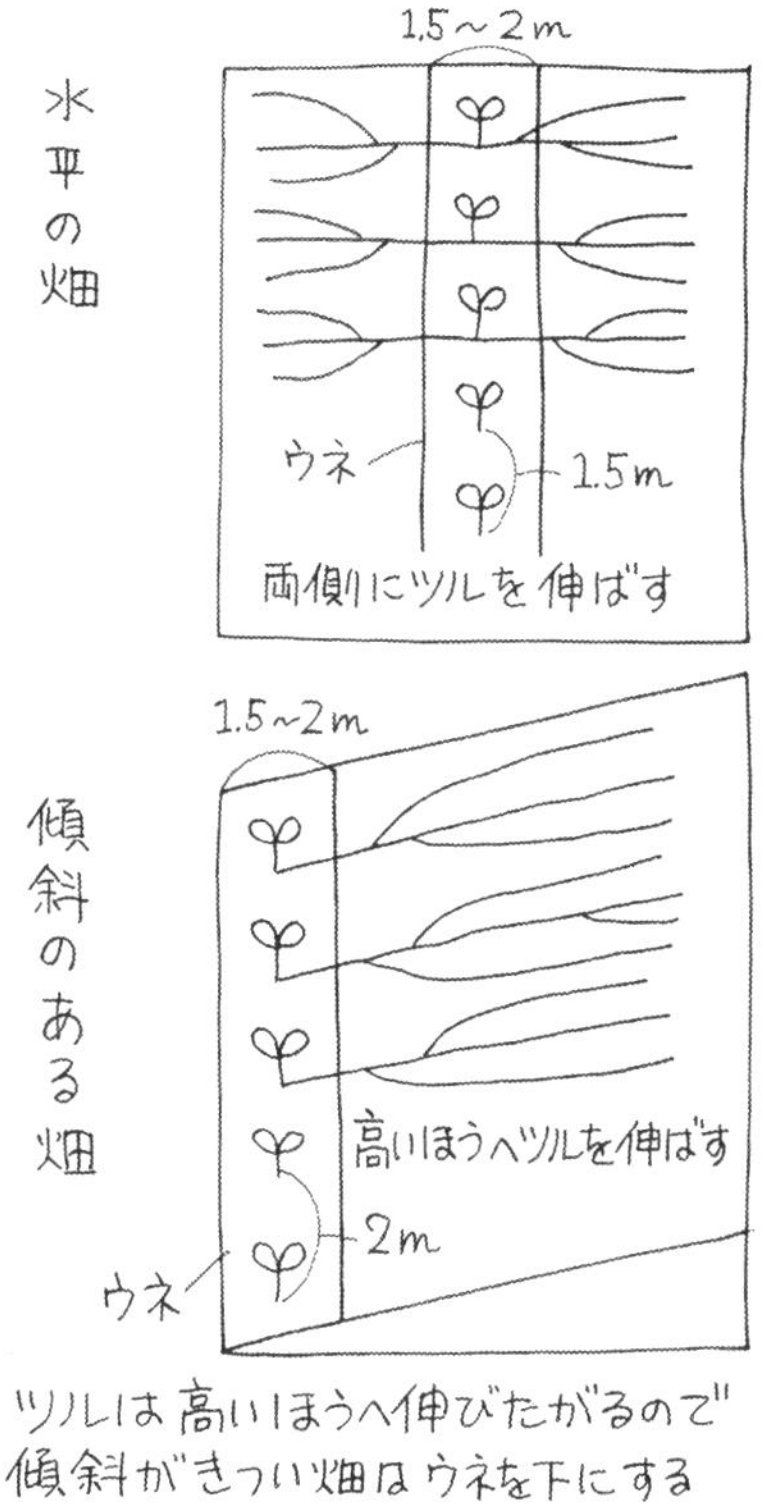
水平の畑
1.5～2m
ウネ
1.5m
両側にツルを伸ばす
傾斜のある畑
1.5～2m
高いほうへツルを伸ばす
ウネ
2m
ツルは高いほうへ伸びたがるので
傾斜がきつい畑はウネを下にする

図1　畑の傾斜でうねの位置、伸ばす方向を変える

写真2　カボチャの定植後はパオパオをかけて害虫予防と保温（K）

オパオをかけて、保温と虫の侵入を避けるようにする。隣の株とツルが重なってきたらパオパオをとり、ツルを整えていく。

●つぼみ時期の葉の大きさ三〇cmを目標に追肥

一回目の追肥はパオパオをとったあと、伸びたツルの先端の位置へ、鶏糞を四分の一袋くらい入れる。二回目は一回目から一〇～一五日たったころ、量は一株当たり半袋が目安であるが、ツルの数や樹勢の強さで若干変える。

このとき、私は花芽＝つぼみの着生を考えながら量を加減し、つぼみがつくころの葉の大きさが三〇cmぐらいになるようにしている。それ以上大きくすると次のつぼみがつきにくくなる。

葉の色は、追肥するときは緑であるが、実がソフトボール大になったころには黄色になるようにもっていけると、ホクホク感のあるおいしい実ができる

しっとり系の万次郎カボチャ

●貯蔵性抜群でとても甘い

しっとり系の万次郎カボチャは高知県の育苗会社がつくったF1品種で、和カボチャの

写真3　ラグビーボールのような形の万次郎カボチャ（A）

特徴を持っている。樹勢が強く、日持ちのいい実が採れる。畑で実を成らせたまま六〇日くらい置いても味が落ちない。

　また、収穫して貯蔵すると甘味が強くなり、独特の風味が出てくる。十一月に収穫して二月下旬まで出荷できるのも、宅配にはとてもいいところだ。ただ、F1品種なのでタネ採りができない。タネによってものすごくばらつきが出てしまうからである。

●一〇aに五本植え、鶏糞追肥を七月まで四~五回

　栽培はすごく簡単だ。一〇a当たりの植付け本数は五本くらい。苗と苗の間隔を五mくらい離して、直径一・五mほどの円形ベッドに鶏糞を半袋ぐらい入れてから植える。定植は五月なので、害虫予防のために初期は肥料袋で行灯《あんどん》のように苗を囲む（一〇〇ページ参照）。

　肥料袋の上にツルが伸びはじめたら袋を取り除き、一回目の追肥をツルの先に施す。量は一株あたり鶏糞半袋くらい。二回目もツルの先へ置き肥する。そのあと草引き（除草）と、肥料を混ぜる目的でトラクターで株のまわりを耕す（図2）。同じことを七月下旬までに四~五回、一〇~一五日おきに行なう。

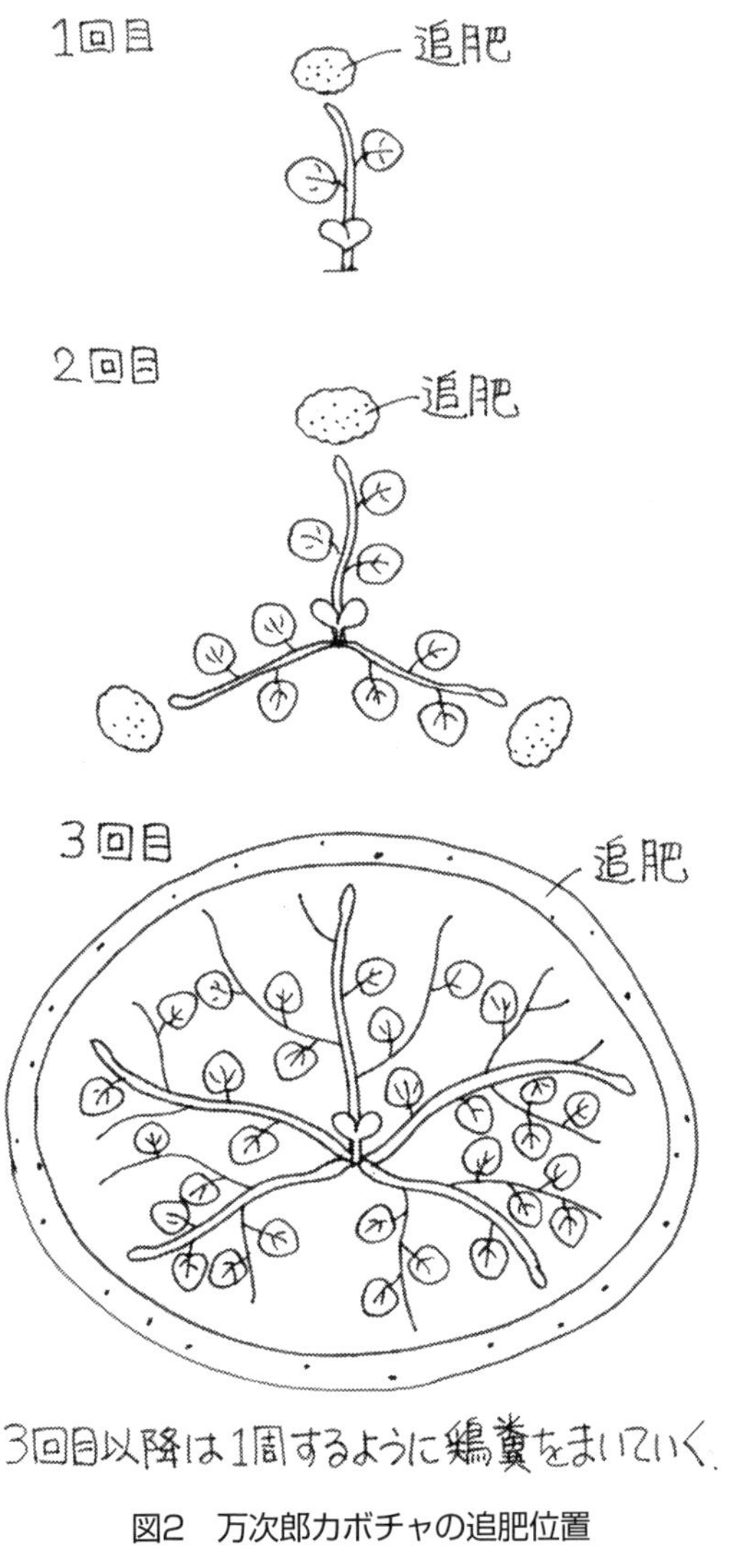

図2　万次郎カボチャの追肥位置

　追肥の量はツルが増えるにつれて多くしていき、最後は一株当たり五~六袋になる。八月終わりになると畑一面がツルで覆われ、葉の大きさも五〇cmを超えるものが出てくる。

●風乾貯蔵で味をのせて出荷

　早いものは九月に収穫できるが、味をのせるために風乾（風通しのよい日陰で貯蔵）するので、出荷は十月下旬からはじまる。

　本格的な収穫は十一月にはいってからとなる。これを風乾して十二月になると、甘みや風味がどんどん増してくるので、多くはそれから出荷するようにしている。

ズッキーニ

●元肥中心で育てる

　ズッキーニは若採りするツルなしカボチャで、私は黄色と緑の二種類つくっている。大きくなると五〇cmくらいになるが、私はそれからタネを採っている。

　播種は二月下旬で、苗を育て、定植は四月

初めに行なう。やはり寒い時期なので、初期はパオパオをかけておく。うね幅は一・八〜二mで、株間は六〇〜七〇cm。元肥は一株当たり鶏糞を三分の二袋（一〇kg）うね土の中に入れる。

　追肥はあまりしないが、外の葉より中の葉が小さくなって色も薄くなってきたら、少し施すようにしている。

●受粉は十時までにやる

　受粉をしないと実がつかないので、八時から十時くらいまでに雄花をとって雌花につけてやる。花が咲いている時間が短いので、気をつけるようにする。

写真4　タネ採り用のズッキーニ（K）

　雨が多いと実がつきにくくなって収量が半減するので、株数を多めに植えるようにしている。収穫時期は六月初めから七月初めぐらいになる。

●葉かきで花落ちを防ぐ

　作業で気をつけて実施していることは葉かきである。風通しをよくしてウドンコ病などの病気予防と樹勢コントロールのために行なう。基本的には、収穫した実の下の葉をとっていくが、ズッキーニは葉数が多いと花落ちしやすくなるので、とくに雨が多くて実がつきにくいときは、大きな葉を三枚だけ残してあとは取り除くようにする。

ここで切る
実
葉柄が
支えになるので
支柱は立てない
雨が多くて 花落ちするときは
展開葉を3枚残して すべてとる

図3　ズッキーニの葉かきは葉柄を残して

　また、葉を取り除くときは図3のように下葉の葉柄を残すと、支柱を立てなくても倒れにくくなる。

ゴーヤ

●こんなゴーヤをつくりたい

　ゴーヤはタネがしっかりはいり、長さの大小よりも丸みがあり、いびつでないもの、色は黄緑色に近く、ツブツブが大きいものをつくりたい。

　そのためには、葉は厚みがあり、しっかりしていて丸みがあること。ツル（側枝）は太いものが多く出て、細いものが少なくなるようにする。一株から出るツルの数ができるだけ少なく、一本一本を太く育てると、大きい実がつきやすい。また、樹は新しい茎が常時伸びているように育てたい。

　ゴーヤで気をつけることは、かなり強い野菜でツルがどんどん伸びていくので、しっかりした棚をつくることと、実が変形しやすいので、それをなくすようにすることである。

写真1　ツルが太く、先端が毛で白く朝には上を向くゴーヤ（K）

●育苗日数でポットのサイズを変える

私の栽培プログラムは、四月に播種・育苗し、五月下旬～六月中旬に定植、収穫は七月初め～十月下旬におよぶ露地長期採りである。

まず播種は、ゴーヤは発芽温度が高いので早まきを避けて、四月初めころとし、四・五～一〇・五cmのポットへ二粒ずつまいている。大きいポットだと二カ月ぐらい育苗でき、小さいポットだと一カ月ぐらいの育苗になるので、遅く五月初めころにまく場合は小さいポットを使う。

ゴーヤは温度を高くしてやるほうがよいので、ほかの苗より暖かいところへ置くようにする。

●日当たりと排水のよい畑、傾斜地利用も

畑は、まず日当たりのよい場所で、水かけができるところを選ぶ。また、棚仕立てにするので、できるだけ四角い畑が棚を組むのに楽である。

うねは幅一・八mぐらいとし、うねとうねのあいだを二mぐらいあける（予備地）。株間は一・五～二mに植える（図1左）。傾斜地では、スイカと同様に、畑の下のほうに植え、ツルを上に向かって伸ばす（図1右）。ゴーヤは面積を多く使うので、傾斜地（のり面など）をうまく使って植えるとよい。

もうひとつ、うねは高めに上げて、高さ三〇cmくらいの台形かカマボコ型にする。排水がスムーズにできるように、高うねの形や方向を決める。

定植は、極端な深植えを避け、ポット土の表面とうね土の表面が同じ高さになるように植える。すぐに、水をかけてポットと畑土を

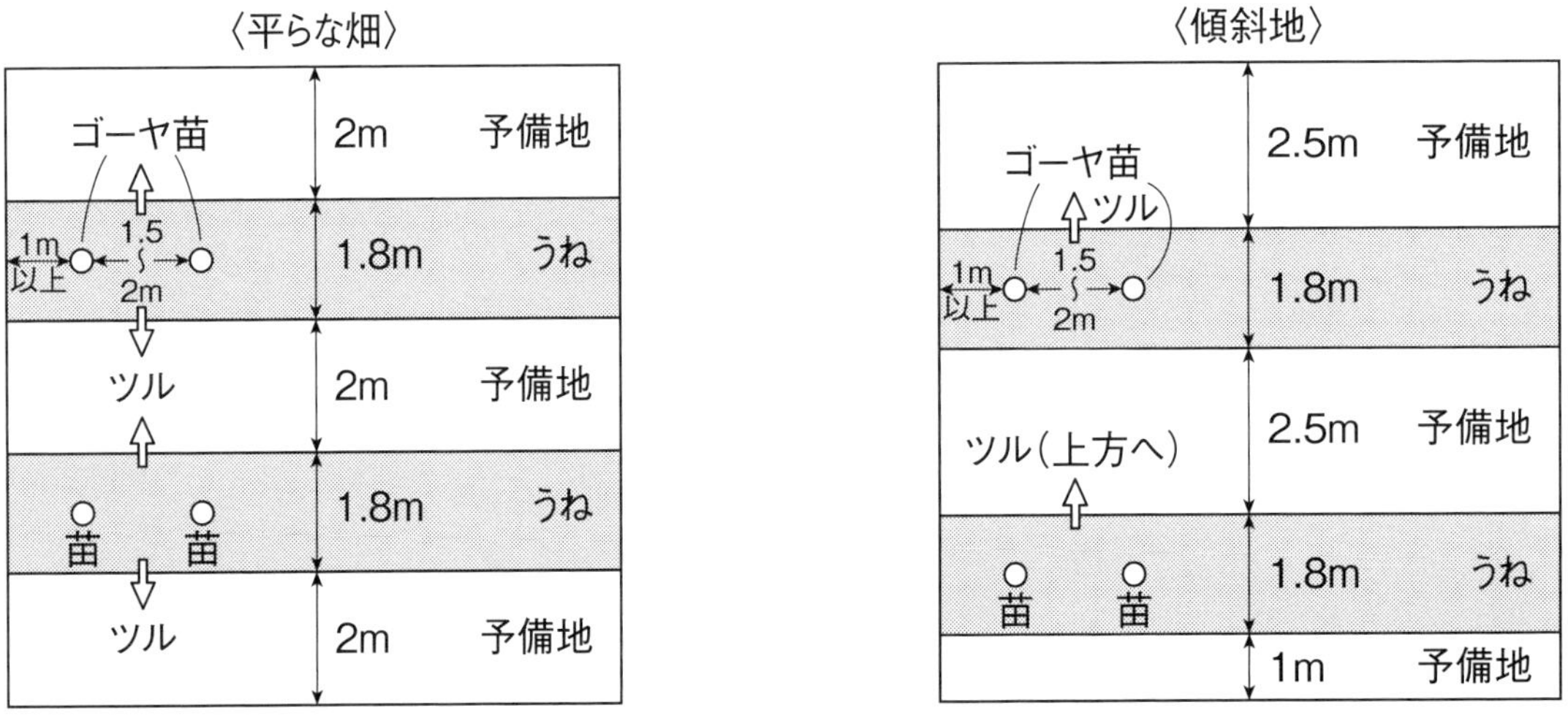
〈平らな畑〉
ゴーヤ苗
2m
予備地
1m以上
1.5～2m
1.8m
うね
ツル
2m
予備地
1.8m
うね
苗
苗
ツル
2m
予備地
〈傾斜地〉
ゴーヤ苗
ツル
2.5m
予備地
1m以上
1.5～2m
1.8m
うね
ツル（上方へ）
2.5m
予備地
1.8m
うね
苗
苗
1m
予備地

図1　畑の傾斜でツルの伸ばし方を変える

なじませる。

そのあと、保温のためにパオパオがけをしてもよいが、定植が六月と暖かい時期になるので、保温はしなくても大丈夫である。

●台風に備えて丈夫な棚を

棚は、台風シーズンを通しての栽培なので、かなり丈夫につくる（図２）。まずウネの中央に二ｍ間隔で杭を打つ。これは、縦にネットをかけて、ゴーヤを上に伸ばすためのもの。そして、うねとうねのあいだにもう一列ぐらい杭を打つ。これは、うねとうねのあいだが四ｍ近くと遠いので補強するためのもの。あと、周囲にツルを伸ばすため、棚の縁にもう一列ずつ杭を打つ。

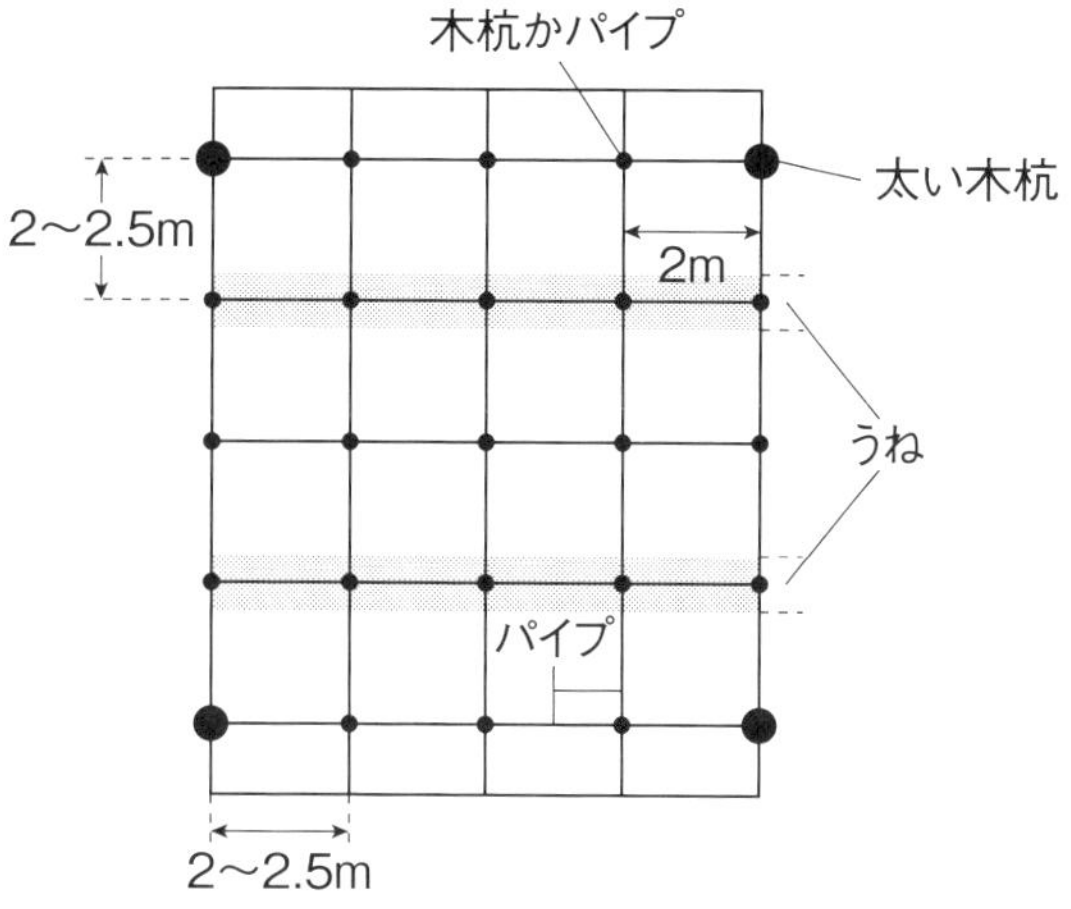

図2　ゴーヤの棚の組み方

外側の杭は大きい木杭を使い、内側の杭はハウス用のパイプか細めの木杭を使うことで、棚を強くする。とくに四隅には大きい杭を使うとよい。杭の長さは人が下をくぐれるように二・二ｍぐらいのものを使い、土の中に四〇㎝ぐらいさし込む。

次に棚にネットを張れるように、パイプをまずうねに平行に二～三ｍ間隔で置き、その上に直角方向のパイプをのせて、交点をくくりつけて棚を組む。

最後にパイプの上にネットを張る。キュウリ用のネットを使うが、広く張るので幅の広いネットを使うと作業しやすい。

●夏までの鶏糞施肥で、十月まで収穫

元肥は、耕うんのときにうねの部分へ、四ｍに一五kgくらいの鶏糞を入れ、定植時に株元へ一株五〇〇ccくらい置き肥する。

追肥の一回目は、ツルが一～一・五ｍに伸びたころにネットに誘引するが、このときに株元から七〇～八〇㎝のところへ鶏糞を盛り土状に置く。量は一株に鶏糞四〇〇ccほど。ツルが短い株や小さい株は、もう少し近く四〇～五〇㎝のところへ施す。

二回目以降の追肥は、ゴーヤの生育状態を見ながら二～三回やる。量は少し多くして六〇〇～七〇〇ccを通路に条まきする。収穫は夏に最盛期となり十月まで続くが、追肥は八月初めまでに終えるようにする。それは、秋に向かって収量が減ってきて肥料が少なくてすむし、夏の暑さで根が吸えなかった肥料分が効いてくるからである。

追肥位置は、株元近く→四〇㎝→七〇㎝→一ｍというように、根の張りを考慮してだんだんの株元から遠くしていく。

●地這いでツルが伸びてきたらネットに誘引

前に述べたように、ツル（側枝）が一～一・五㎝になるころに、縦のネットへかける。ゴーヤはかなり強い植物なので、ネットにかけるまでの定植後二〇日間くらいは地這い状態でツルを自由に伸ばす。そして、ネットがけするときに、ツルの小さいものは切除して、四～五本に整理しそろえる。

その後は、側枝を出したい方向に伸ばすように、ネットへかけていく。さらにツルが伸びて、ネットからはみ出すようになったら、あいているところへ向けなおす。

写真2　地這いから棚へ誘引し、旺盛に生育するゴーヤ（K）

それでも長くなるものは切り取ってしまうが、だんだん棚が密植状態になってくるので、七月末に大胆な切り返しをして側枝数を減らす。これで株の環境がよくなり、十月まで収穫ができる。

切り返しは、縦ネットの上で切り離してそのまま置くと、自然に枯れて隙間ができてくる。それでもなお密植状態なら、切ったツルを取り除く。

●雑草がツルを保護！　夏の灌水は必須

草引き（除草）は、定植後七日ころにケズッタローなどでサッと削り取っておくと、あとが楽になる。次は、ツルのネット誘引のときで、雑草は少し大きくなるが、それまでは草を引かずにおく。地這いのツルに土がつくのを草で防ぐためだ。

私の有機・無農薬野菜づくりは、多品目野菜に雑草も輪作・混作する「共生菜園」である（三四、四四ページ）が、雑草は野菜と競合する反面、野菜を助けてくれる存在でもある。

そのあとは、草が長く伸びたら取るが、棚が繁茂するので生えにくくなる。

水かけは、夏を越す野菜なので多く必要である。とくに、七〜八月は水を切らすと果実に奇形が出るので、四〜五日に一回のペースで灌水する。方法は、棚の上に水道パイプを出し、その穴にスプリンクラー（プラスティック製）を接続してまわす。

九月にはいると、水かけは徐々に少なくしていく。

●収穫ー実のツブツブで適期を判断

写真3　右のようにツブツブが大きく丸みを帯びたら収穫適期（K）

収穫のタイミングは、実の大きさで決めるのではなく、表面のツブツブが大きく、丸くなったものを採る（写真3）。ゴーヤは、花が咲いた側（花落ち部＝実の先のほう）からツブツブが大きくなってくるので、実の八分目くらいまでしっかり大きくなったころに収穫する。ほどよい苦味と独特の香り、みずみずしさを楽しんでもらえる。

それより遅れて大きくなりすぎると、食感がザラザラして、腐りも早くなる。早すぎると、苦味が強いが香りは少ない。

ちょうどよいタイミングのものは、ツブツブの先が丸みを帯びてくる。また、色は少し白みを帯びてくるので、よく見て採るようにしたい。

ハヤトウリ

●こんなハヤトウリをつくりたい

ハヤトウリは、わりあい簡単に栽培できる強い野菜だ。高知の中山間地にある四万十町は、冬には雪が降ることがあるが、そんな条件でも、ハヤトウリは一度植えてしまえば冬を越して、毎年芽が出てきて、秋にはたくさんの果実を収穫できる。

強い野菜ではあるが、味は繊細でクセが少なく、私が好きな野菜のひとつである。そのような味の特徴を出すには、実は大きくても産毛が生えていて黄緑色の状態のものを採りたい。それは、まだ若い実で肥大がよいことをあらわしている。時間がたつと産毛は少なくなって、肌の色は白っぽくなってくる。

●のり面や石垣、立ち木などを活用して

植える前に畑の選択が大事である。強い野菜なので、畑に植えるとすごい力で広がっていく。また、ツル性で一年に一〇m以上伸びるので、あまり畑の真ん中には植えないようにする。それに、棚をつくらなければならないので、畑の中より土羽（のり面）や擁壁、石垣の元などがよい。

高知県では、防風林や使わない樹木の近くに植えて、その木にツルを這わせてつくる人もいる。私の場合は、家の近くの土羽に植えて、鉄筋と竹を使って棚にしている。日当たりが悪くてもよくツルが伸びるので、少しぐらいの日陰なら植えても大きく育つ。

写真1　黄緑色で産毛がたくさん生えているハヤトウリ（K）

●初年目はタネから出発

ハヤトウリの栽培をはじめる最初の年は、三月くらいにタネを植える。

実を収穫しないで置いておくと、長さ二五cmにも肥大して、大きく硬くなる。それをタネに使う。実の中にはタネが一つしかはいっていないし、実からタネがはがれないので、実のまま植える。植えるときは、芽を上向きにして寝かせるように置き、半分だけ地中にはいるように土を寄せる（図1、写真2）。

次の年からは、同じ場所から出てくるので、改めて植える必要はなくなる。

●株元のまわり一・五mに置き肥

元肥は植える前に、一株当たり鶏糞を五～一〇kgぐらい、植える位置のまわり一～一・五mぐらいの範囲に入れておく。その真ん中にハヤトウリを植える。あとは、どんどん大きくなるので、追肥はいつでもよく、最低でも一カ月に一回、鶏糞を一〇～二〇kgぐらい

株のまわりにやるとよい。

　私の場合は、株から二mぐらい離れたところに、コンポストを置いて、その分解・発酵肥料を使っている。ハヤトウリの施肥は、どちらかというと果樹の肥料のやり方に似ている。

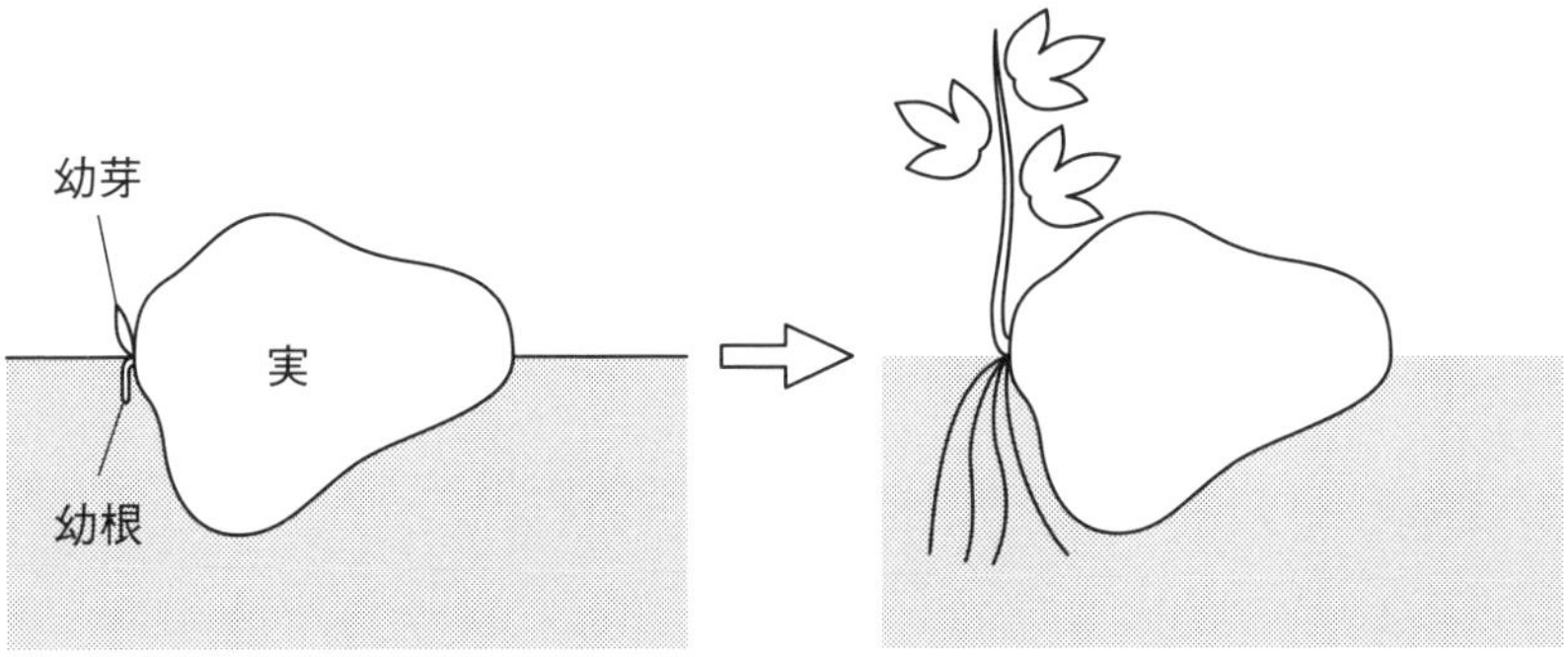

図1　ハヤトウリの植え方

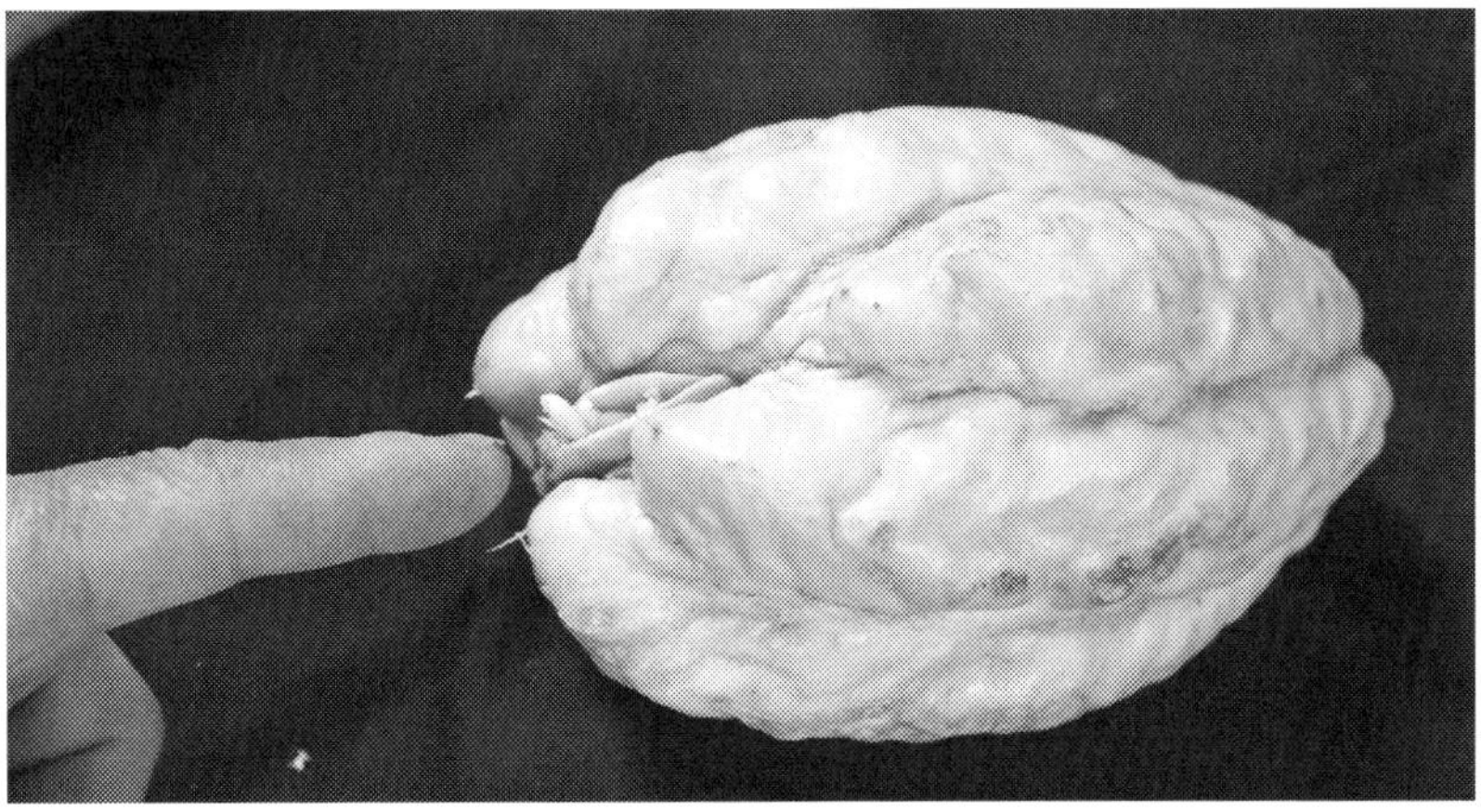

写真2　ハヤトウリの実と少し伸びはじめた芽
根は芽の下側に出る（K）

●ツルを伸ばしたい方向に棚づくり

　四月になるとどんどんツルが伸びてくるで、そのころに棚をつくる。まず、ハヤトウリを植

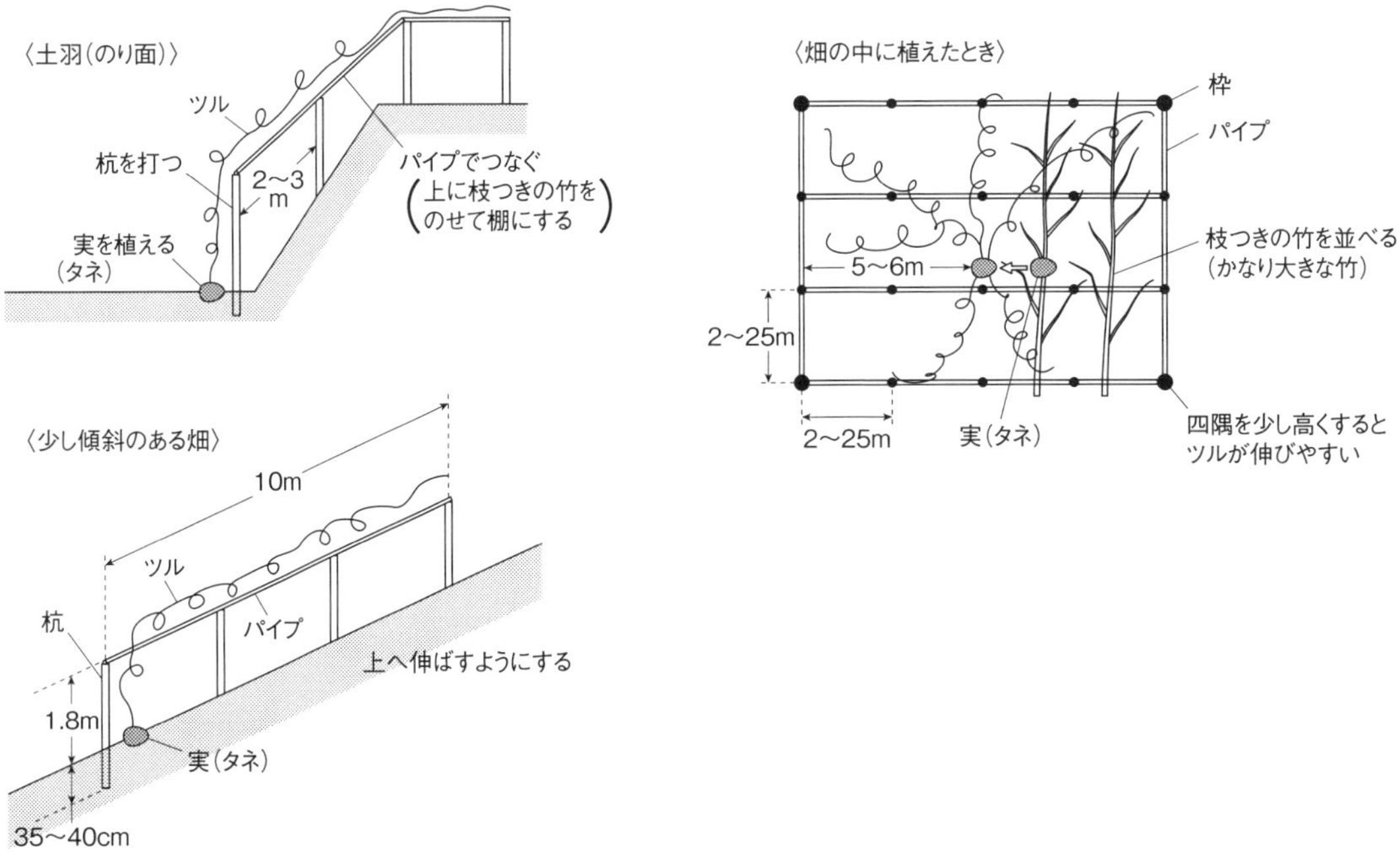

図2　ゴーヤへ植える場所に合わせた棚づくり

えた近くに、鉄パイプや木で高さ一・五〜二mに杭に打つ。そこから伸ばしたい方向に、二〜三m間隔に杭を打っていく。杭と杭をパイプでつないで、そのパイプの上に枝つきの竹を並べてパイプにくくりつけて棚をつくる。

土羽や畑の形状に応じて棚の形を変えるとよい（図2）。ハヤトウリ一株で、一〇〇㎡くらいの棚ができる。

●収穫はこぶし大、秋には大きく

収穫開始は、年によって少しずれるが、だいたい九月中旬ころとなる。栽培開始の年は収穫が少ないが、年とともにどんどん採れていき、一本の樹から一〇〇〜二〇〇個以上収穫できるようになる。ツルは、四月初めの生育開始から九月の収穫開始まで伸び、株が広がっていき、そこに実がつくのでたくさん成るのだと思う。

収穫する実の大きさは、大人の握りこぶしぐらいになったときが一番おいしいと思うが、それより小さくてもよい。

とくに九月初めごろは小さく採り、十一月になったらと大きくして採っていくと、樹が弱りにくいようである。また、十月中旬ころに一度、成り弱り（成り疲れ）をするときがあるので、気をつけて追肥をするとよい。

オクラ

●こういうオクラをつくりたい ——〝八丈オクラ〟の魅力

私がつくっている品種は〝八丈オクラ〟である。〝アーリーファイブ〟など一般的な品種より大きくて丸みがあり、長さ一〇〜一五cmくらいで収穫する（通常種は五〜一〇cmくらい）。日本の品種の原種のひとつと聞いているが、収穫遅れで大きくなってもやわらかいのが特徴で、数多くつくる宅配野菜のなかでも人気がある。

〝八丈オクラ〟は実の大きさにバラツキがあり、色も少しずつバラツキがあるが緑色〜黄緑色で、少し甘味が出るようにつくりたい。一般品種より樹勢を強く保ってつくると、きれいなオクラが収穫できる。

また、収穫期間が六〜十一月と長いので、それぞれの時期にあった大きさと甘味のものを採るようにしたい。収穫がはじまる初夏のころはやわらかくみずみずしく、初めは小さいがだんだん大きくなってくる。真夏は少し小さくなり、甘味を増してくる。秋には、甘味も強く大きく育つが、寒くなるにつれて実の産毛が強くなってくる。

私のオクラは、二二ページでも書いたように、草丈を低く、節間を短く収穫段数が多くなるように育てて、長期採りをしている。

●肥料の少ない、日当たりのよい畑

オクラは他の野菜にくらべると樹勢が強いので、あまり肥料分の多い土ではだめであ

写真1　八丈オクラ
実が大きくやわらかい（A）

る。イネ科雑草などが生える肥料が少ないところで日当たりのよい畑を選ぶ。

うね幅一・七〜一・九mの二条植えにする。株間は四〜五cmで一本植え。いろいろな植え方を試したが、この植え方がいちばん安定した収穫になる。これ以上株間を広げると初期収量が下がる。逆に、せばめたり、一カ所の本数を多くしたりして密植にすると、一株の根域が狭くなり、樹勢が衰え、量も採れなくなってしまう。

なお、マルチを使うときは、あまり穴をあけたくないので株間一五cmの二〜三本植えにする。

●早まきにはマルチ、倒伏防止対策を必ず

マルチは四月初めまでに播種する場合には必要である。年によって変わるが、低温にさらされて発芽が遅れたり、芽が出なくなったりするからである。ただし、四月下旬以降にマルチして播種すると、逆に高温障害にやられることがある。発芽した芽の軸が暑さで焼けてしまう。

〝八丈オクラ〟は通常のオクラより背が高くなるので（最終的に一・五〜二m）、風で倒れないような手当ても必要である。三m間隔に長い杭（鉄パイプ）を立て、高さ五〇cm当たりを麻ひもでぐるりとくくる。オクラをひもで挟む型である。台風などにあっても倒れにくくなる。

●元肥なしで、一番果の高さ四〇cmくらいに

オクラの元肥は前作の残肥で十分である。直根性で樹勢が強いので、初期に肥料が多いと花落ちする。また、はじめの実が高いところにつき、実の数も少なくなってしまう。とくに〝八丈オクラ〟は背が高くなるので、少しでも肥料が多いと、一番果が一mくらいの高さに着き、節間も一五〜二〇cmくらいと長くなる。オクラは一節ごとに花をつけて実が成るので、節間が長ければ花数も減り、収量は半減する。また、早くから背が高くなると作業性も極端に悪くなる。

私は地上から四〇cmくらいのところに一番果がつくように心がけている。こうすると節間は五〜一〇cmくらいに詰まる。花数も多くなり、量も採れる。肥料は収穫がはじまるまで入れないので、一番果がつく高さは、元肥の量に大きく影響される。

初期は下葉から徐々に葉が大きくなるように育てる。急に大きな葉になることもあるが、肥料が効きすぎた証拠である。その場合は節間が伸び、花落ちする可能性があるので、葉を二〜三枚かいて調整する。逆に葉が大きくならずに、同じ大きさが続くときは肥料が少ないとみる。肥料をほんの少し入れてやる。

写真2　一番果（指先）の位置が低く、節間が短いオクラ（K）

●追肥は葉の切れ込みをみて、八月まで

肥料（鶏糞）は実が採れ出してから、葉の大きさと切れ込みを見てやる（図1、カラー口絵三ページ）。わかりやすいのは切れ込みである。

オクラは肥料が少ないと切れ込みが大きくなり、葉脈だけのようになる。そのような葉のときは追肥が必要である。肥料が効いてくると切れ込みがなくなってふっくらとしてくる。バランスを崩さないように気をつけている。

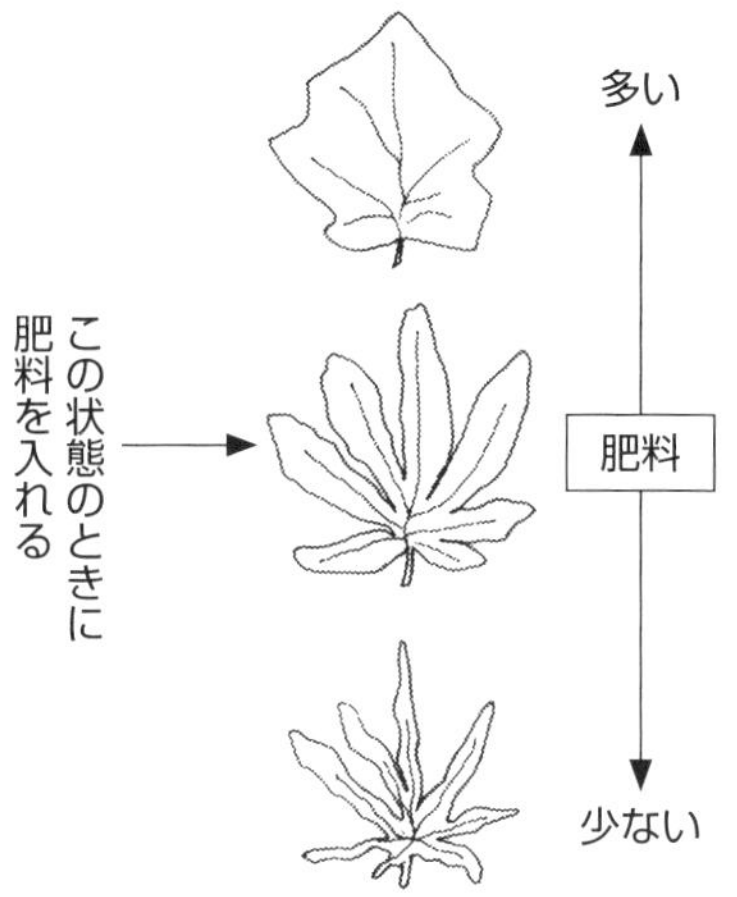

図1　葉の刻みの具合を見て、肥料の状態をチェック

追肥の鶏糞量は一株二〇〇ccくらいで、一回目は株の近くへ少し置き肥する。二回目は条間に、三回目以降は生育に応じて条間や通路へ置く。根の先端、先端を予想して、根を外へ外へ誘導するように入れていく。

九月になったら肥料は入れない。この時期に多く入れると害虫がつきやすくなったり、急激に肥料が効いたりするからである。もう真夏のように暑くないので肥料が吸収されやすいせいだと思う。

窒素分が多く吸収されると、オクラ独特の風味や甘味がなくなってしまう。また、高知県は台風が多くくるので風雨にさらされたあとは、少しだけ肥料を入れてオクラに力をつけてやる。同じように、乾燥にさらされたときも水と肥料を少し入れてやると生育がよくなる。

●灌水と収穫

オクラは乾燥には強いほうであるが、水が少ないと生育が止まり、実が小さくなったり、硬くなったりする。そのため、晴天が一週間くらい続くようなら、週に一回くらいのペースで灌水する。私は、スプリンクラーで頭から全面灌水している。

収穫ははじめに書いたように、個人宅配のお客さんに、季節季節の風味を楽しんでもらえるように、長さ一〇〜一五cmで、やわらかいものを採る。

実を収穫した節の葉は取り除くと風通しがよくなり、病害虫に強くなる。ただし夏場に生育が弱いときは、下葉を二〜三枚は残す。

トウモロコシ

●こんなトウモロコシを育てたい

莢（雌穂）はあまり大きくしないが、一つひとつの粒は大きく、しっかりした実ができるようにしたい。また、甘味と香りがあり、食べた後味のよいものをつくりたい。そのためには、ゆっくりと育て、根をよく伸ばすことが大切である。

根がしっかり育つと、葉や茎も大きくしっかりしているが、背はあまり高くなく、私の場合、一・五〜一・七mくらいで、莢のつく位置も五〇cmと低い。

トウモロコシ栽培で問題になるのは、タヌキやキツネ、カラスなどの鳥獣害と、メイチュウ（ダイメイチュウ・アワノメイガ）による虫害である。

●害虫対策と栽培プログラム

害虫対策の大きな方法は、早植えと遅植えをすることである。春植えは、播種が三月初めで、四月中下旬に定植し、六月中旬に収穫となる。早く植えることで、メイチュウが大量発生する前に収穫することがねらいだ。品種は八五日くらいの短いものを使うと収穫も一週間くらいは早まり、虫害の発生も大きくちがう。

定植後はパオパオ（二一〇cm）を葉にあたるまでかけておき、保温と虫害予防をする。

写真1　草丈も莢のつく位置も低いトウモロコシ（K）

夏まき・秋採りは、少し若い状態での収穫になる。八月中下旬に畑に直接播種している。このころはまだ暑いのでメイチュウは少なく、九月下旬から多くなる。トウモロコシにも暑いので、発芽がはじまる前にパオパオをかけてしのぐようにしている。九月下旬にはトウモロコシが伸びてパオパオを持ち上げてくるので、取り除く。

害虫の発生は年によって異なるが、私の畑での発生周期は、五月下旬～七月中旬と、九月初め～下旬くらいにピークがくるようだ。

●播種・育苗と定植

播種は、三月初めころに七二穴のセルトレイに一粒ずつまく。播種用土は、自家製の山土・バーク・堆肥・鶏糞の混合（五四ページ参照）か市販の有機育苗土を使う。覆土は五mm程度にする。

トウモロコシを植えることで、やせた畑や養分バランスを崩した畑の回復ができるので、土壌改善の輪作に欠かせない作物である（四五ページ参照）。そのため、地力の低い畑での栽培となる。ただし、日当たりはよいところを選ぶようにする。

定植は、四月中旬～下旬に、本葉三～四枚でする。うね幅一・八mに、株間三〇cmの二条植えとしている。

できるだけパオパオをかけて、遅霜とメイチュウ害の防止をする。

●施肥と除草

トウモロコシは地力の落ちた畑でつくることが多いが、その程度によって、元肥施用量も変わる。悪い土のところでは一〇a当たり鶏糞七〇〇kgくらい、それほどでもないところでは一〇a当たり四〇〇kgくらいを耕うんするときにうね部分へ施し、定植時に株元へ一株二〇〇ccくらい置き肥する。追肥は、二～三回一株に四〇〇ccくらい施す。

草引き（除草）は収穫までに二回行なう。一回目は定植後二週間くらいに、三角ホーなどで削り取る。株元は手鍬を使って取る。二回目は、一回目から二～三週間たったころに、一回目の取り残しを削り取る。その後は、トウモロコシが負けるようなら、大きい

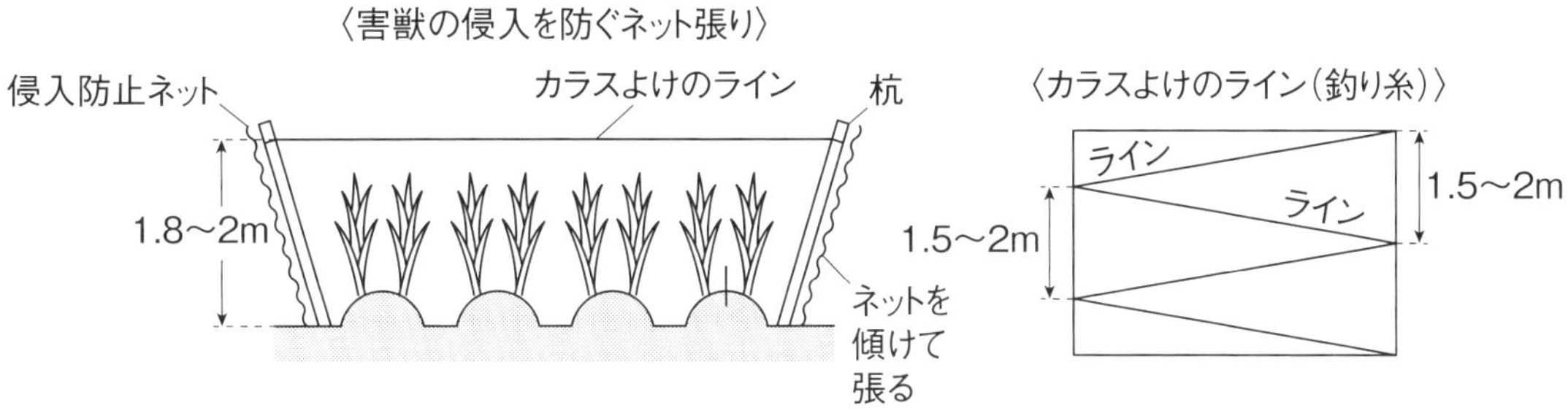
〈害獣の侵入を防ぐネット張り〉
侵入防止ネット
カラスよけのライン
杭
1.8〜2m
ネットを
傾けて
張る
〈カラスよけのライン（釣り糸）〉
ライン
ライン
1.5〜2m
1.5〜2m

図1　トウモロコシの鳥獣害対策

雑草を引き抜くか、鎌で刈るようにしている。

●重要な鳥獣害対策

鳥獣害対策には、畑の周囲に防風ネットを張り、その方法に毎年新しい試みをしているが、やはり食べられる。二〇一二年は、ネットを高くして、傾斜を外向きにつける（上を外側に）ようにしたが、これは少し効果があるようだ（図1左、七〇ページの写真）。

なお、タヌキやハクビシンの多いときには、ネットでは防ぎきれないので電気柵を使うのがよいと思う。

カラス害は、トウモロコシの上に釣用のライン（釣り糸）を一・五〜二m間隔で張ることでほぼ解消できた（図1右）。ラインは必ず莢ができる前、食害される前に設置し、カラスが触れて危険を知ることが重要である。

なお、ラインの下をくぐって収穫するので、高さは一・八m以上に張っておくと便利である。

●宅配で送り、冷凍してイベントにも

莢が大きくなり、先端の毛が黒く色づいたころに収穫する。まず、二〜三個皮をはいでみて、粒が大きくなったのを確認し、そのサンプルに色や形が近いものを選んで収穫していく。

トウモロコシは収穫期間が短いので、少し若いものから収穫して、宅配のお客さんに届けるようにしている。残ったものが出れば、皮のついたまま冷凍庫に入れておき、イベントで焼きともろこしなどに使うと、大いに喜ばれる。

豆類など

エンドウ・ソラマメ類

秋にまいて冬を越し春に採る豆類として、スナップエンドウ・実エンドウ・キヌサヤエンドウ・ソラマメを栽培している。生育時期や管理方法はだいたい同じだが、少しずつちがうので、スナップとキヌサヤを少し詳しく書き、それぞれ特徴的なところを述べる。

スナップエンドウ

●こういうスナップエンドウをつくりたい

実（豆）の入りがよく、莢は肉厚で丸くなるように育てたい。莢の中で少し実が肥大してきたときに収穫するが、食べたとき莢より実のほうが甘味があるようだとおいしい。これは、実によく栄養が送り込まれているあらわれである。

そういう莢を採るためには、ツル（側枝）は下から上まで同じ太さで、節間も同じ長さで七〜一〇cmとなるようにし、葉は厚く丸みがあり、少し湾曲しているように育てるとよい。

●早まきは避け、日当たりのよい畑に

スナップエンドウは、できるだけ移植栽培するのでセルトレイ（七二穴）にタネをまく。時期は十月初めから十一月初めにかけてで、早まきは避ける。それは、年内にあまり大きく育つと、一月にはいって寒さで生長点

写真1　エンドウ類の自家採種のタネ
左から〝ウスイ〟、〝くるめゆたか〟、スナップエンドウ（K）

がやられてしまうからである。

　また、自家採種したタネなので年によっては発芽しにくいことがあるために、少し多めにまく。ただ、自家採種したタネは、実のそろいがよく、栽培しやすい。

　生育が寒い時期にあたるので日当たりのよい畑を選び、幅一・六～一・七m、高さ一五cmのうねを立てる。時期は十一月初めころで、うねを立てたらすぐに定植する。草取りの回数を減らすためである。株間は三〇～三五cmの一条植えである。

●あまり小さな苗はカラスに狙われる

　苗の大きさは草丈が四～五cmぐらいのときに植える。あまり小さいと子葉が残っているので、カラスがつつきにやってくる。

　逆に大きい（一〇cm以上）と地上部に対して根が追いつかなくなるので、頭をピンチしてえき芽を伸ばすように植える。

●株元施肥で根を動かし、追肥は二月初めころに

◇元肥のやり方

　肥料はうね立て前に一〇a当たり鶏糞六〇袋（一袋は一五kg）くらい入れ、定植後すぐに株元に一握り、一〇〇ccくらいを置き肥する。

　全体に入れる肥料が少ないので、株元の肥料は初期に根を動かすための大事な養分になる。根を一度ちゃんと出さないと、その後の生育が極端に悪くなってしまう。

◇追肥はホトケノザの赤い花で判断

　追肥はだいたい一回で、一月末か二月初めころに行なう。あまり遅くなってからだと、暖かくなって肥料が急に効いて栄養生長に傾き、実の着く位置が高くなって収量が減ったり少し苦味が出たりする。

　二月初めころから、山の木々がいっせいに動きはじめる。じっとしていたスナップエンドウも一週間で五cmくらい伸びるようになるので、このときに合わせるように追肥する。時期が遅れるとドカ効きするので、タイミングがむずかしいが、畑の脇に生えているホトケノザを見ているとわかる（写真2）。この草は寒さに強く、草のなかでも最初に動きはじめるので、ホトケノザの赤い花が増えたなと感じたら追肥する。それがだいたい二月初めころである。

　追肥の量は、鶏糞を三〇〇～四〇〇ccくらいで、うね肩へ施す。

写真2　ホトケノザの花が増えたと感じたら追肥（K）

●ネットと麻ひもで株を止める

　草引き（除草）は、定植時に耕うんしているので、二月初めころまではやらなくてもすむ。二月初めの追肥前に一回目の草引きをする。残った草は大きくなったらそのつど引き抜く程度でよい。

　うねの上に四m間隔で一・八mの杭を立て、杭にネット（ひし形の一五cm目合い）を張るが、ネットだけではツルが巻きつきにく

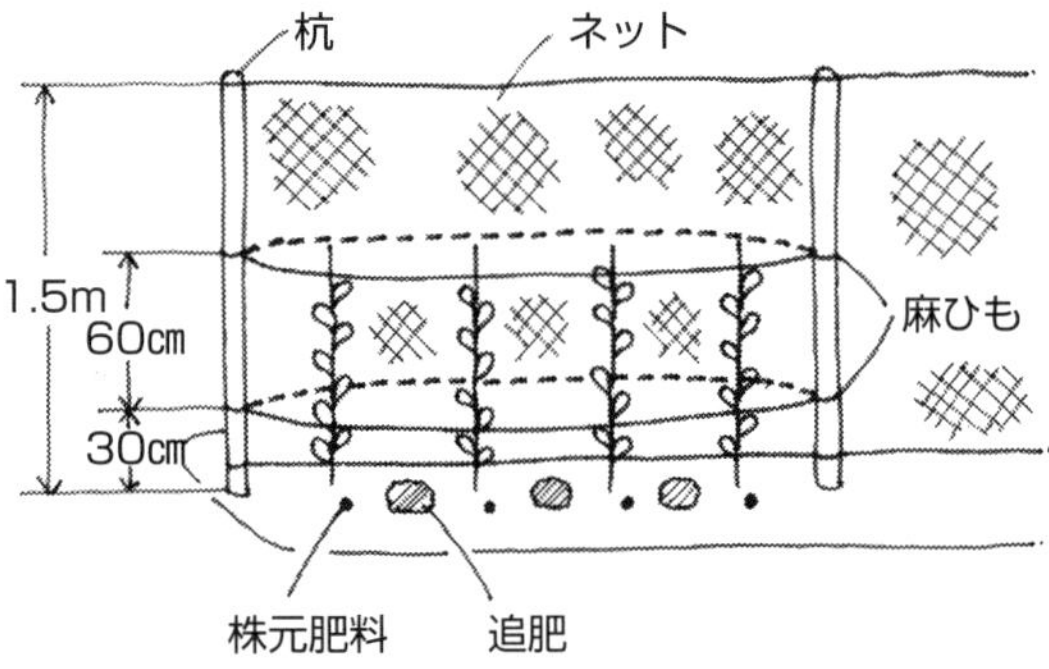
杭
ネット
1.5m
60㎝
30㎝
麻ひも
株元肥料
追肥

マメが倒れないように麻ひもでグルリと止める。
麻ひもは時間がたつと伸びてくるので締めなおす

図1　スナップエンドウの仕立て方と肥料の位置

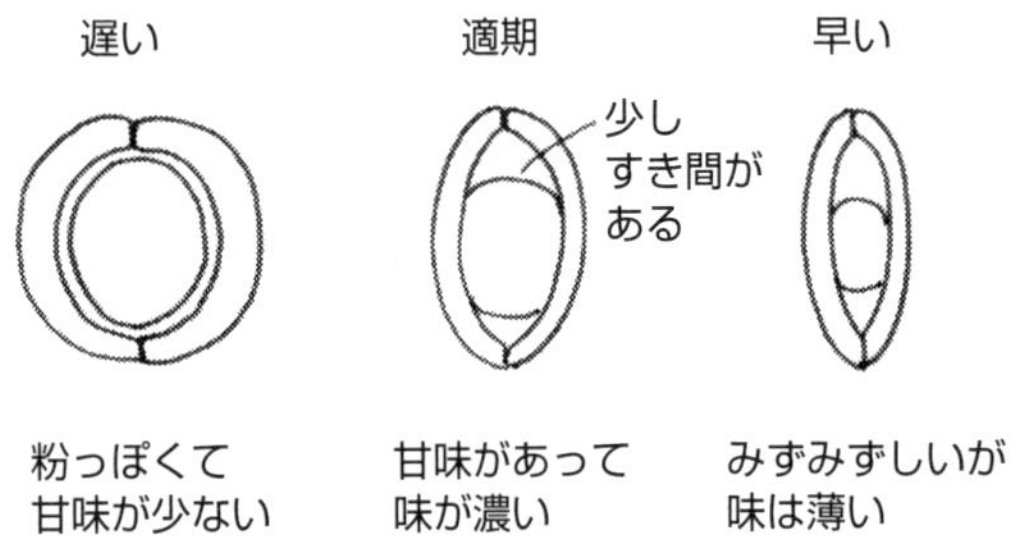
遅い
適期
早い
少し
すき間が
ある
粉っぽくて
甘味が少ない
甘味があって
味が濃い
みずみずしいが
味は薄い

図2　スナップエンドウの収穫適期
莢を輪切りにして見る

く倒れるので、麻ひも（バインダー用）で株をぐるりと挟み込むように止める（図1）。これを一回目の草引きのあとに行なう。あまり遅いと枝が倒れてしまうが、倒れるとえき芽が多く出て生育が極端に遅れてしまう。ちなみに、ちょうどいいえき芽の数は一株に八～一三本くらいである。

●スナップの売り、甘味の強いときに収穫

収穫は莢がふくらみはじめたときである。さやを輪切りにして図2のような感じになったところに収穫している。あまり早いと味が薄くなり、遅いと甘味が少なくなる。スナップエンドウは甘味がひとつの売りであるが、熟すとデンプンが多くなって、粉っぽくなる。

収穫適期は年によってもちがうが、私のところではだいたい四月下旬～五月下旬くらいである。

実エンドウ

●こういう実エンドウをつくりたい

実（豆）の色は薄い緑色で、一粒一粒が大きく、ほぼ真ん丸で、生で食べても青臭味がなく、甘味があるようにしたい。そのためには、実が熟すときに窒素肥効が切れてくることが必要で、葉の色は緑色からだんだん黄色になり、最後は金色に熟れてくるように管理するとよい。

●追肥はスナップより多めに

実エンドウはスナップエンドウとほぼ同じ管理であるが、少しちがうところは追肥の関係である。実エンドウは収穫開始がスナップより一週間ほど遅く、収穫終了が少し早くなる。それで、収穫期間が二～三週間と短く、一度にたくさん採れるので、生育中期の花芽が多くつく時期に多くの栄養が必要になる。だから、追肥をスナップより少し多く、鶏糞四〇〇～五〇〇cc入れるのがコツである。

●収穫してそのまま冷凍できる

莢の色が緑色から白っぽくなってきて、莢の表面に筋が浮き出てくるが、筋が少し見えてきたら収穫適期である。株の下のほうから熟れてくるので、はじめは下を重点的にみながら収穫する。

一週間ほどすると、一度にたくさん熟れは

じめるので、莢をむいて実をはずし、そのまま冷凍保存しておくとよい。野菜は普通、冷凍する前に湯がかないと解凍時に水分が抜けてしまうが、実エンドウは湯がかなくても冷凍できる。ビニール袋に入れ、冷凍しておけば一年中出荷できるので、宅配やレストランへの直販には便利である。

収穫も終わりのほうになると、莢が小さく、葉は黄色になってくる。このころになると、採り残した莢のついたツルごとむしり取って収穫する。

自家採種用には、前もって中段くらいの莢を残しておくと、黄色く熟れるので、いっしょに収穫して、莢ごと天日で乾燥させる。乾いたらタネを取り出して保存する。

キヌサヤ

●こんなキヌサヤをつくりたい

私は、年によっても変わるが、オランダキヌサヤとキヌサヤの二種類を植えている。オランダキヌサヤは、莢が一五cm以上で大きくて少し丸みがあり、食べて甘味があるものをつくりたい。キヌサヤは七cmぐらいで、香りがあり甘味があるものをつくりたい。

そのためには、初期に根が長く深く張り、茎は鉛筆ぐらいの太さで下から上まで同じになるように育てると、よい莢がつく。

雨の多い年はウドンコ病に、少ない年はハモグリバエに注意する。また、冬から春への寒い時期の栽培なので、霜枯れの予防をする。

●遅まきで低温障害回避、欠株に補植

タネまきは十一月初め～下旬ころに行なう。早い人は九月下旬ころにまくが、私の畑は風が強く寒さに当たるので、十一月にまいて発芽を遅くさせて、低温障害を防ぐようにしている。大きくなってから寒さに当たると上のほうから色が抜けてきて白くなり、茶色くなって枯れてしまうので、風の当たる寒いところでは遅まきとする。

一部をセルトレイにまいて、補植用にする。私は自家採種しているが、種子消毒などしないためか発芽がすごく悪いので、その分も計算に入れて補植苗を立てておく。

うね幅一・六mぐらいで、高さ一五～二〇cmにして、株間三〇cmの一条植えにする。

補植はやや早めに、十二月中下旬の暖かい日をねらって、発芽していないところに苗を植える。そのときは、少し深く掘ってまわりの土を上げて、少しでも風を防ぐようにするとよい。

水はほとんどやらないが、年によっては雨が降らないので、少し寒さの弱い日を選んで水をかける。

●ネット張り、病害虫対策など

キヌサヤのネット張りはスナップエンドウや実エンドウと同じにするが、莢が軽いし順番に収穫していくので、あまり気にかけずにつくる。オランダキヌサヤは少し低くできるので、高さ一・二～一・三mでよい。キヌサヤは一・四～一・五mの高さにすると、多く採れるように思う（図3）。

施肥や草引きなども、スナップエンドウや実エンドウと同じようにすればよい。

病害虫対策は、正直のところ対処のし方があまりないが、ウドンコ病は風通しをよくすることと、はじめに一株から四、五本ぐらいの枝が出ているものが病気に強く、多く枝を出して過繁茂になると病気になりやすいので注意している。

ハモグリバエの被害は年によって大きくちがい、これも樹勢がしっかりしているときは、虫が上まで上がってこないので、下の葉を食べているが、樹勢が弱ってくるとたちま

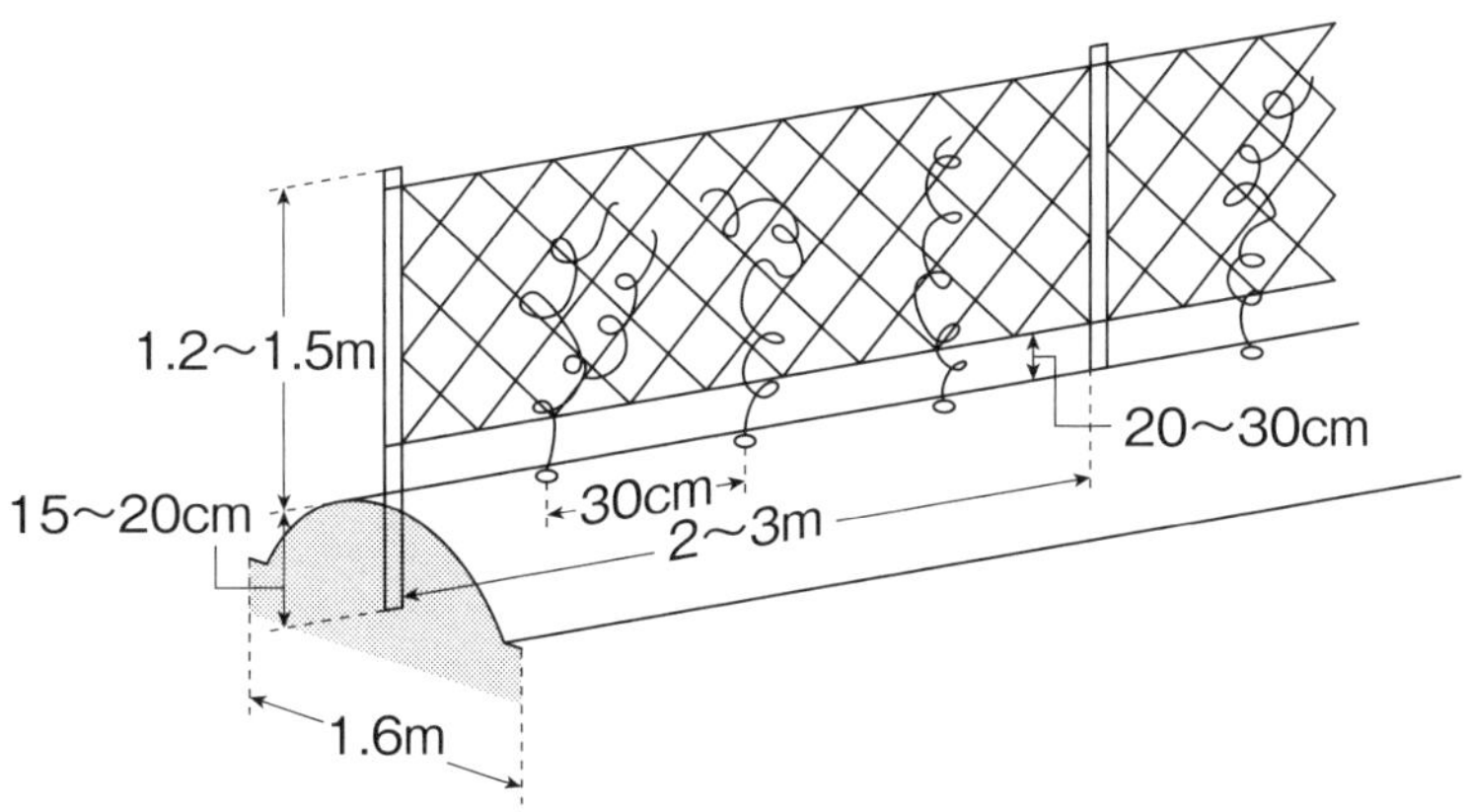

図3　キヌサヤのネット張りと誘引

ち増えるようだ。

●おいしい収穫のタイミング

私は莢が普通より少し大きくなったときに収穫している。早く採ると収量が減り、大きくすると硬くなるので、キヌサヤは莢が少しふくらんだときに、オランダキヌサヤは莢が少し湾曲して実が少しふくらみはじめたときに収穫している。そのタイミングのイメージは図4のようである。

莢の色は、キヌサヤは黄緑色、オランダキヌサヤのほうがもう少し黄色味を帯びて薄い、色になったものがおいしい。緑色だと肥料の入れすぎで、味が落ち、甘味が少なくなる。極端に肥料が少ないと、莢が小さく硬くなり、病気にもかかりやすい。

一寸ソラマメ

●こういうソラマメをつくりたい

私が栽培しているのは一寸ソラマメで、背が高く大きい株になる。その一本の茎（側枝）にできるだけたくさんの実（豆）を成らせたい。一つの莢に入る実の数は品種によっても異なるが、三～四個入りの莢を多くし、一つひとつの実も大きくなるようにしたい。

茎は一株に八～一〇本くらい立たせ、葉は小さめだが厚みがあり、光沢があるように育てる。

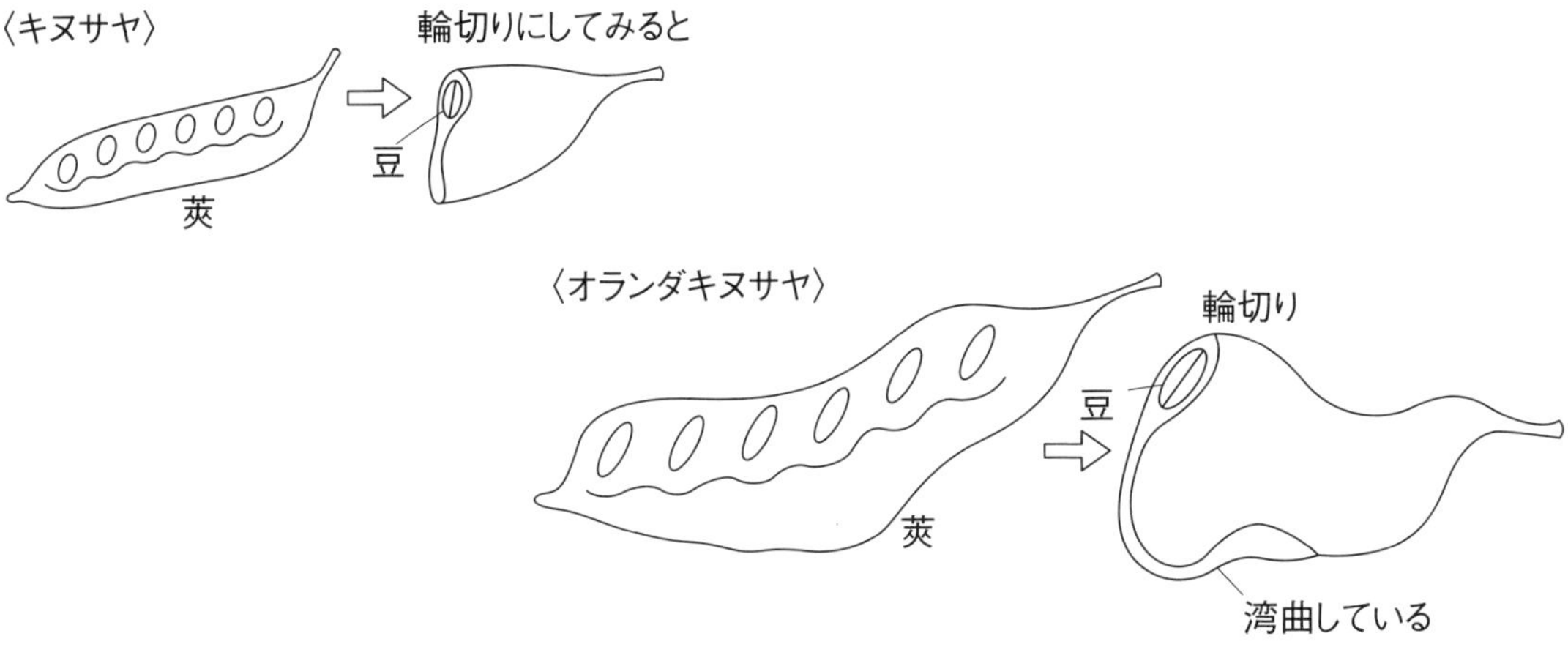

図4　キヌサヤとオランダキヌサヤの収穫適期

●畑の形によって一条植えか二条植えに

ソラマメは六・五cmのポットにタネを二粒まきして苗を育てる。播種は十月中旬〜十一月初め、定植は十二月中に葉が三〜四枚のころに行なう。

うね幅一・八mの二条植えか、一・五mの一条植えとする。株間は、二条植えは四〇〜五〇cm、一条植えは三〇〜四〇cmにしている。私は露地の少量多品目栽培なので、畑の形によって分けている。

ただし、ソラマメはかなり株が大きくなるので、収穫作業を考えると一条植えのほうがいいと思う。

●追肥はスナップより少し多く

ソラマメは実が大きく、株も高さが一・五mと大きくなるので、肥料も多く必要である。株が大きいので、それだけ栄養が必要だからである。

そのため、元肥はスナップエンドウと同じにする（一一七ページ）が、追肥は少し多く十能《じゅうのう》で一杯、七〇〇〜八〇〇ccとする。時期は、スナップと同じ二月初めころでよい。

●倒伏防止にひもを張って止める

一寸ソラマメは株が大きく重いので、倒れないようにするために、長さ一・三mほど、幅一〇cmほどの杭を打って、それにひもをまわして二列平行に張って、ひものあいだに止める（図5左）。ひもは二段に張るが、一回目はソラマメが伸びはじめる二月中旬ころ、うね面から三〇〜四〇cmのところに張る。

その後三週間くらいすると、大きくなって倒れそうになるので、背の高さの三分の二くらい、およそ一mの高さにひもを張って止める（図5右）。杭の長さが一・三mで、下三〇cmは土にさしているので、杭の一番上に止めることになる。一寸ソラマメは草丈一・五mにもなるが、莢をつけるのが地上一〜一・二mなので、この位置で止めておくと倒れにくい。

なお、私は麻ひもを使っている。切れて畑土にはいっても、自然のものなので分解されるからである。ただし、麻ひもは張っておいても伸びるので、二〜三日後にもう一回引っ張って止めなおすようにしている。

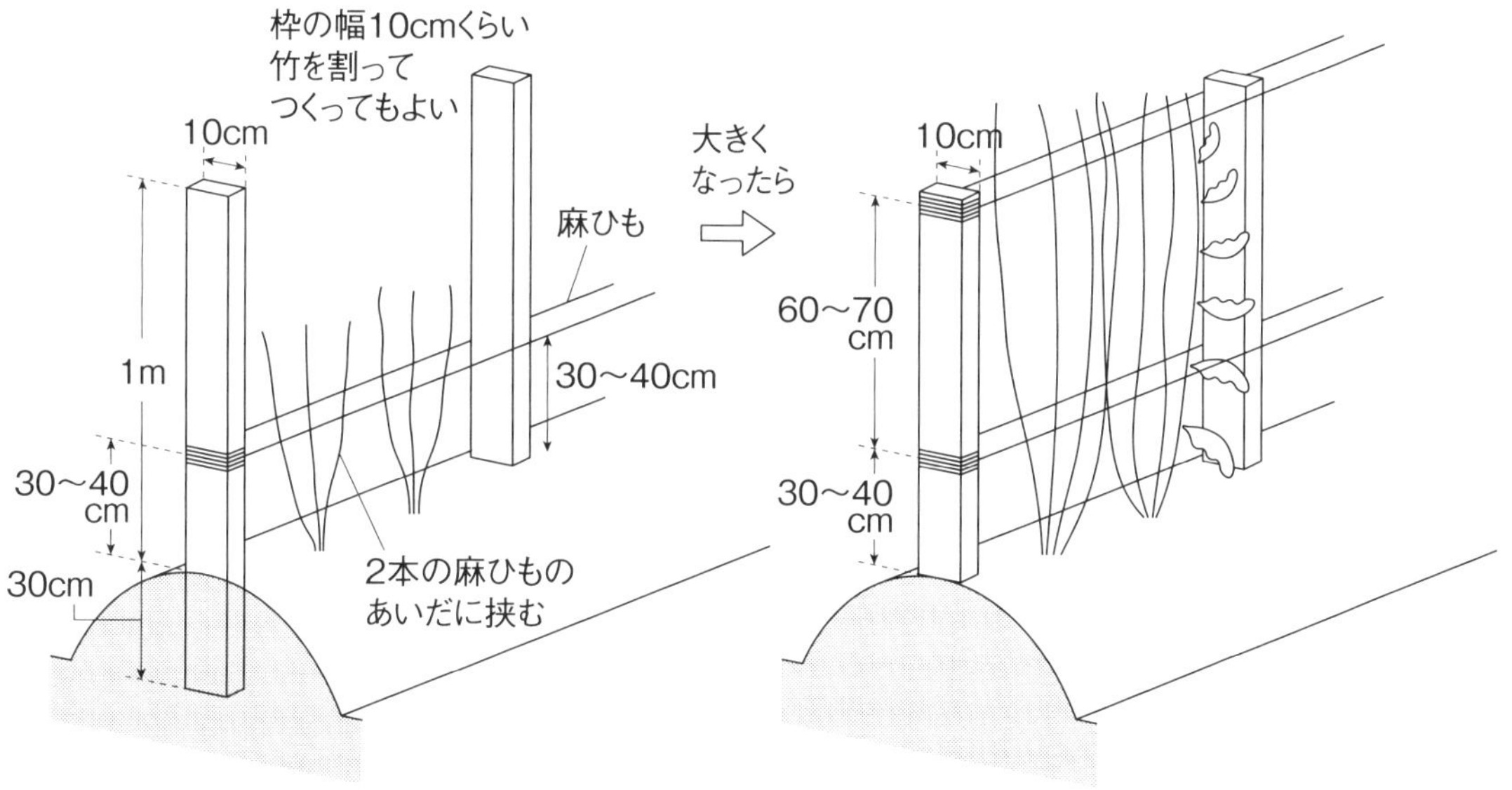

図5　一寸ソラマメの誘引のし方

●少し熟させたほうがおいしい

収穫は下の莢から採っていく。上を向いているさやが水平より下向きに傾いたら採ることができる。スナップエンドウとはちがい、ソラマメは少し成らせておいて熟させ、実の張りがよくなってから収穫するとおいしくなる。

一寸ソラマメも自家採種しているが、これはすごくむずかしく、採り続けると実が小さくなり、実のつきが悪くなってくる。タネ採り用の株をうまく選ぶことが大切で、大きな莢がたくさん成っている株から、一つの莢に実が三、四粒はいっているものを選ぶと、いいタネが採れる。ただし、三〇本に一本くらいしかない。

インゲン

●こんなインゲンをつくりたい

今のインゲンは品種改良が進んで、莢の形や、つくりやすさ、使いやすさなどが追求された結果、もともと持っていた風味や甘味が少なくなった野菜の一つだと思う。そんななかで私は、インゲン独特の風味や深い味わいあるものをつくりたい。

それにはまず、品種選びが大事で、品種で味や香りがちがうので、私は古い品種をタネ採りして残し、使うようにしている。次に、栽培では根が深くはいるようにつくることが大切である。

また、栽培管理でとくに気をつけていることは、カメムシの予防である。

写真1　宅配ボックスに香り豊かで甘味のあるインゲンや枝豆がはいると喜ばれる（K）

●古いツル性の品種を使う

インゲンには、丸莢とモロッコなどの平莢、長い莢のものと短い莢のもの、ツルあり（ツル性）とツルなし（矮性）、また栽培期間が三カ月と短いものから九カ月におよぶものまで、いろいろある。ここでは、ツルありで栽培期間が三カ月くらいのものについて書いてみる。

私の場合、春から秋遅くまでインゲンを栽培し、長期間収穫・出荷しているが、いつでも畑にあるのはツルありのものである。ツルありは昔の品種が多く、味に深みがあってお

写真2　試作中の黒いインゲン
若莢で食べ、豆はアズキとしての利用にも向く（K）

いしいと思う。ツルなしのなかにもおいしいものがあるが、品種が少なくて選びにくいのでツルありにしている。また、丸莢インゲンは春と秋の二回植えることができる。

私がよくつくるのは平莢のモロッコと、品種は年によって変わるが丸莢のインゲンで、どちらもツルありである。

●3月に播種して苗を育てる

私は春植えを多くつくっている。その理由は、秋はほかの野菜が多種類採れるので、インゲンをそれほど植えなくてもよいからである。

春植えは育苗して植えるので、播種は三月初めに行なう。セルトレイか四・五cmポットへ直接まく。セルトレイを使うときは、三〇日くらいの育苗で本葉二枚ぐらいのときに定植する。ポットのときは四〇日くらいの育苗で本葉三枚ぐらいに育てる。

インゲンは徒長しやすいので、発芽時以外は温度を上げずに、ゆっくりと育てていく。苗のときにはしっかりとつくり、定植後にツルを伸ばすようにしたい。水は、ポット土の表面が乾いたらかける程度とする。

秋植えでは直まきをすることが多い。春植えでもあたたかくなってきたときは直まきすることがある。

●畑の準備と施肥、定植

畑は、日当たりのよいところを選び、灌水できるところがよく、また雨の多い時期に播種・定植することが多いので、排水のよい畑が向いている。

肥料は、耕うん時にうね部分へ元肥として鶏糞を一〇aあたり三〇〇～四〇〇kg相当入れ、定植時に株元へ一株に一握り、一〇〇ccほど置き肥する。

追肥はインゲンの生育状態をみて決めるが、施すときはツルが伸びて花がつきはじめたころに少量ずつ、うね肩か通路に置き肥する。全体をみてツルの中に花がたくさん咲いているようになってからでは遅いので、つぼみが多くなったころに施すようにする。

うねは、幅一・六mぐらいとし、排水がよくて根が深く張れるように一五cmくらいの高うねにしている。株間は丸莢で三〇～三五cm、モロッコで三五～四〇cmくらいとする。

●パオパオで霜とカメムシから守る

定植後すぐにパオパオがけをして、カメムシから守る。また、寒い時期なのでパオパオは霜から守るねらいがあり、こちらがメインなので、霜がこなくなればすぐにはずしてネット張りをする。

水かけは、定植のときに一回行なって、それ以後は雨が一週間以上降らなければかけるようにする。

草引き（除草）は、パオパオがけをしているので、はじめのうち草は生えるままにする。四月末か五月初めにパオパオを外すので、そのタイミングで草引きをする。この時期は雑草の生長が速いので、五月初めに一回取っても、五月中旬ころにもう一回取ると、収穫までもつと思う。

インゲンが草に負けず、ツルが伸びていけば除草しなくても大丈夫なので、負けない程度にする。収穫終わりころになると草のなかにインゲンがあるようにみえる。

●ネット張りと誘引のし方

ツルありの品種なので、ネットを立てて誘引する（図1）。まず杭を二～三m間隔で打つが、この間隔は品種や畑の条件によって変わる。風の強いところや実成りのよい畑、または大きい実の品種（モロッコなど）は少し近く打ち、風の弱いところ、実成りの悪い日陰地、小さい実の品種で樹が軽いものなどは、三mぐらいの間隔でも十分にもつ。

次にネットをつけるが、ツルありのインゲ

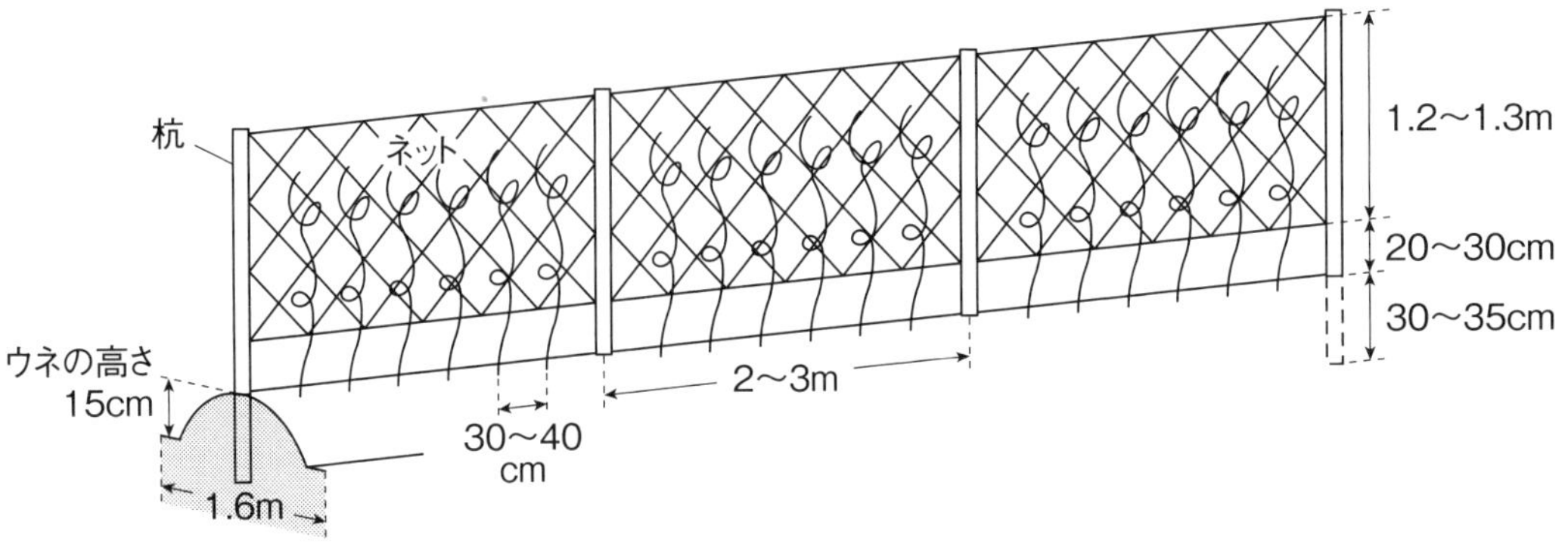

図1　インゲンのネット張りと誘引

ンは伸びるのが速いので、早めに張ることが必要である。またネットの下を二〇～三〇㎝ぐらいあけると、あとかたづけが楽になる（インゲンの根元とネットを切り離したりすると中腰の作業が少なくなる）。

ネットは、パオパオを外したらすぐに張る。ネット張りが遅れると絡み合ってたいへんなので、気をつけて早めに行なうようにしたい。年によってはパオパオがけをしないで、定植後すぐにネット張りをすることもある。

また、大きくなるまでパオパオをかけていたい人は、パオパオで巻スカートのようにネットの両側を挟むという工夫をしている例もある。

●収穫タイミングは食べてみて

私の場合、収穫は少し大きめになってからにしているが、とくに、実の部分が少しふくらんで見えはじめるころがおいしいと思う。極端な早採りはしないようにしている。しかし、採るのが遅すぎると硬くなってスジがはいるので、つくりはじめのうちはみきわめるのがむずかしい。

ここは食べてみるのが一番である。生でかんでみて、やわらかく、はじめに甘味があり続いて少し青臭味があるようだと適期である。水気が多く、甘味がなくて青臭味が先にくるようだと、若すぎである。

収穫はじめのころと終わりのころでは、開花から収穫までの間隔も、莢の硬さなどの状態も変わってくるので気をつけたい。はじめよりも終わりのほうが硬くなりやすい。

枝豆

●こんな枝豆をつくりたい

実（豆）は大きく充実し、莢にぎっしり詰まっているものをつくりたい。さわやかな色あいと独特の甘味のある新鮮な枝豆は、宅配のお客さんに喜ばれるので、お盆に向けてできるだけ出荷期間を伸ばし、また秋採りを組み合わせて、楽しみを届けるようにしている。

おいしく香り豊かな枝豆を採るには、品種によって異なるが、小さくて厚みがあり、丸みを帯びていて光沢があるように育てるとよいと思う。

●とくに注意するのは害虫と着莢《ちゃっきょう》不良

枝豆づくりでとくに注意することは二点、

虫（とくにカメムシ）をつけないようにすることと、密植や多肥による着果不良（着莢不良）を起こさせないようにすることである。

まず害虫については、私は無農薬栽培なので、植える時期を変えて被害を避けることと、パオパオを使って虫を寄せつけないようにすることで防いでいる。植え付けする時期は、早生種を使って早く採れる三月まきと、昔からある半夏生豆という秋採り品種を使って遅く植える八月初めまきの二回で、早植えはポット育苗の苗を定植し、遅まきはタネを畑へ直接まく。

写真1　枝豆は枝につけた状態で宅配ボックスへ（K）

写真2　昔からの秋採り枝豆の品種のタネ
秋遅く黄色くなってもさらに甘味が出る（K）

〈早植え栽培〉

●育苗でコンパクトな苗を植えて、パオパオがけ

早まきは、三月初めごろ四・五cmポットへ一粒ずつか二粒ずつまく。用土には、市販の有機育苗土か、自家製の山土一、バーク一に堆肥〇・五（または鶏糞〇・〇一％ぐらい）の混合床土を使う。

一〜一・五カ月の育苗で、本葉三〜五枚、草丈一〇〜一五cmほどの苗に育てる。

定植は四月上中旬ころになる。うね幅（通路含む）一・七〜一・八mにうね立てし、そこに三条に植える。株間は二五〜三〇cmにしている（図左）。育苗することにより、生長が抑制されて、背が低いコンパクトな苗になるので、密植にならずに植えられる。また、ウネ幅を一・八mぐらいにするのは、二・一m幅のパオパオをかけるのにちょうどよいサイズだからである。

定植後すぐにパオパオをかける（図右）。

●過繁茂を防ぎ着莢をよくする鶏糞施用

肥料は、耕うんのときうね部分へ、鶏糞を一〇a当たり一五〇〜二〇〇kg相当入れて、定植時に株元へ一株二〇〇〜三〇〇gぐらい

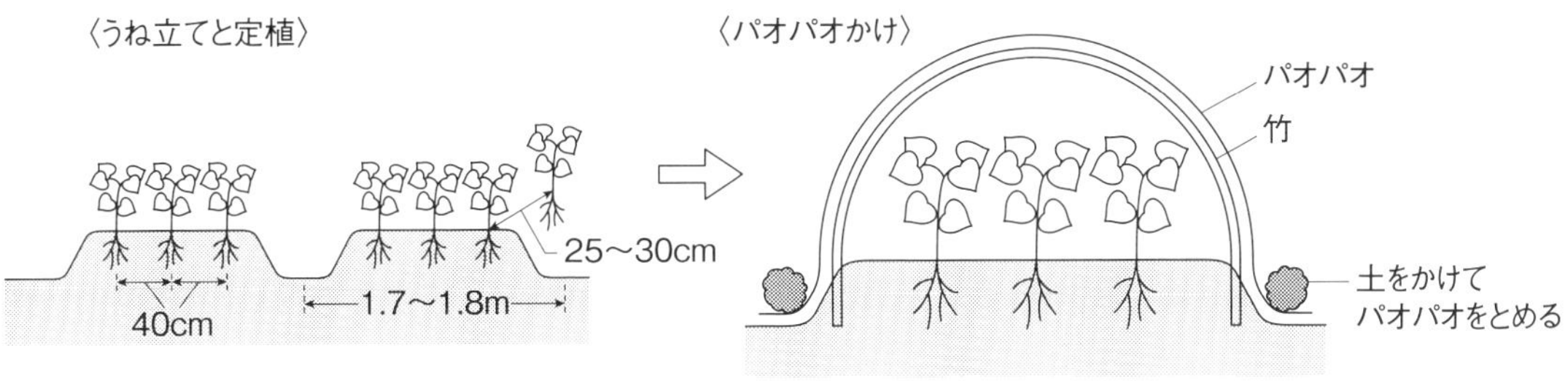
〈うね立てと定植〉
25〜30cm
40cm
1.7〜1.8m
〈パオパオかけ〉
パオパオ
竹
土をかけて
パオパオをとめる

図　枝豆のうね立て・定植とパオパオかけ（早植え栽培）

ずつ置き肥する。追肥は、生育の様子を見てたりないようなら条間へ少し施すが、基本的には入れない。

肥料の効きすぎは、茎葉ばかり大きくなる過繁茂状態となって、莢のつきが悪くなるので注意が必要である。

●パオパオをはぐって除草し、収穫までかけておく

草引き（除草）は、パオパオをかけているので少し大きくなるまで雑草を取らずにおく。五月初めごろにパオパオをはぐって草引きをし、そしてまたパオパオをかけて、収穫までそのままにする。

収穫は六月初めごろになるが、少し収穫時期をずらすため、同じ早生種であっても少し遅い品種を組み合わせて入れておくと長く収穫・出荷できる。

枝ごと収穫して、葉を落として宅配ボックスに入れて出荷する。

〈遅まき栽培〉

●真夏のタネまきの注意

播種は八月初めで、普通の人より少し遅めにしている。

このときはタネを直接畑へ、春植えと同じサイズのうねに三条まきし、株間は三〇〜三五cmにする。株間を春植えより少し広くするのは、樹が少し大きくなるからであるが、それでも、播種が八月にはいると草丈は伸びないままになる。一株につく莢も少なくなるが、通常栽培より密植することで一〇a当たりの収穫はあまり変わらず採れると思う。

春とちがうところは、暑い時期なので播種後は水かけを多くする。四日以上雨が降らなかったら灌水というペースで行なう。このとき、パオパオをかけているので、その上からかけるが、ホースの出口をパオパオに直接当てるとかけやすい。

●十一月までおいしい枝豆を収穫

草引きは、直まきすることと、夏なので雑草の生長も早いため、播種後一カ月と二カ月ぐらいの二回除草すると、草に負けず育つ。

肥料は、春植えと同じか、少し少なくしてもよい。

収穫は、寒い時期でもあり十月下旬から十一月下旬ごろまで長く収穫できる。秋採りの味は早生種の春植えより、甘味が強く、青臭みがなく香りが豊かでおいしい。遅くまで

おいて莢が黄色くなったものは、甘味の中にホクホク感が増すのでさらにおいしくなる。

シカクマメ

●こういうシカクマメをつくりたい

その名のように莢が四角のマメで、沖縄ではウリズンと呼ばれている。若莢を収穫して食べるが、若い芽や葉、花なども食べられ、根からはデンプンがとれるとのこと。性質は強健で高温・乾燥に強く、莢豆類が少なくなる夏から秋にかけて収穫できるというよさがある。

莢は、形が目を引くからか、レストランのシェフにも人気がある。夏には濃い緑色で大きく、秋になると黄緑に変わって小さめになり、寒くなると再び緑が濃くなる。長さ一〇～一五cmで、ヒダヒダが深くはっきり出て、しわも目立つものを採りたい。

●硬いタネなので二時間浸種してまく

私の場合は移植栽培するので、ポットで苗を仕立てている。用土は、山土（畑の土でもよい）、バーク、腐葉土をそれぞれ同量ずつ混ぜた土に鶏糞を少し入れる（一輪車いっぱい分の土に両手でひとすくいくらいの鶏糞）。

播種は五月中下旬に、四・五cmのポリポットにタネを一粒ずつまく。シカクマメのタネは非常に硬くて発芽しにくいため、二時間くらい浸種してからまくようにしている。そうしないとなかなか芽が出ない。ただし、水に浸けすぎると腐りやすくなるので注意している。

写真1　収穫終わりころのシカクマメ
右はタネ採り用で莢は黒くなる（K）

播種後は、ポット土の表面が乾いたら水をかける。発芽したら、徒長しないように水を控えて、一カ月くらいかけてじっくり苗を育てる。

●急生長するので早めに定植

定植は六月初めから中旬ころになる。本葉四～五枚で、草丈が三cmくらいのうちに植えるようにする。

発芽直後に伸びる一～二節は、節間も短くじっくり育つが、それ以降は節間も長くなり、猛スピードで育つので、ポットの中では根が込み合ってしまう。根巻きすると老化苗になるので早めの定植を心がけている。

植え付け密度は、うね幅一・五～一・七m、株間六〇～八〇cmくらいとする。

●垣根仕立てより、棚仕立て

シカクマメはツルがかなり長く伸びるので、現在は棚仕立てにして、ネットに絡ませていく（図1、写真2）。以前は垣根仕立てだったが、ツルがネットの上端まできたら垂れ下がってしまい、収穫しづらくなるだけで

なく、葉が混んで、実の色が薄くなりやすかった。

ネットは、株が旺盛で株全体がかなり重くなるので、キュウリネットだと破けることがある。私はショウガ栽培で使う少し強いネットを張っている。ただ、支柱の量を増やせばキュウリネットでも大丈夫だと思う。

●ツルは日の当たるほうへ、斜面では上のほうへ

私は、畑の条件によってツルを伸ばす方向を決めている（図1）。まず、シカクマメはとにかく光が好きなので、日の当たるほう（南）へツルを伸ばすようにする。これで、実の肥大もよく、グングン育つ。日陰が多いほうへ伸ばすと、サヤの緑が薄くなり、白っぽくなる。

また、傾斜畑では傾斜の上のほうへツルを伸ばすようにしている。下に向けると養分の流れが悪くなるためか、生育が遅れる。ちょっとしたことだが、このようにすると野菜の力をより引き出せると思う。

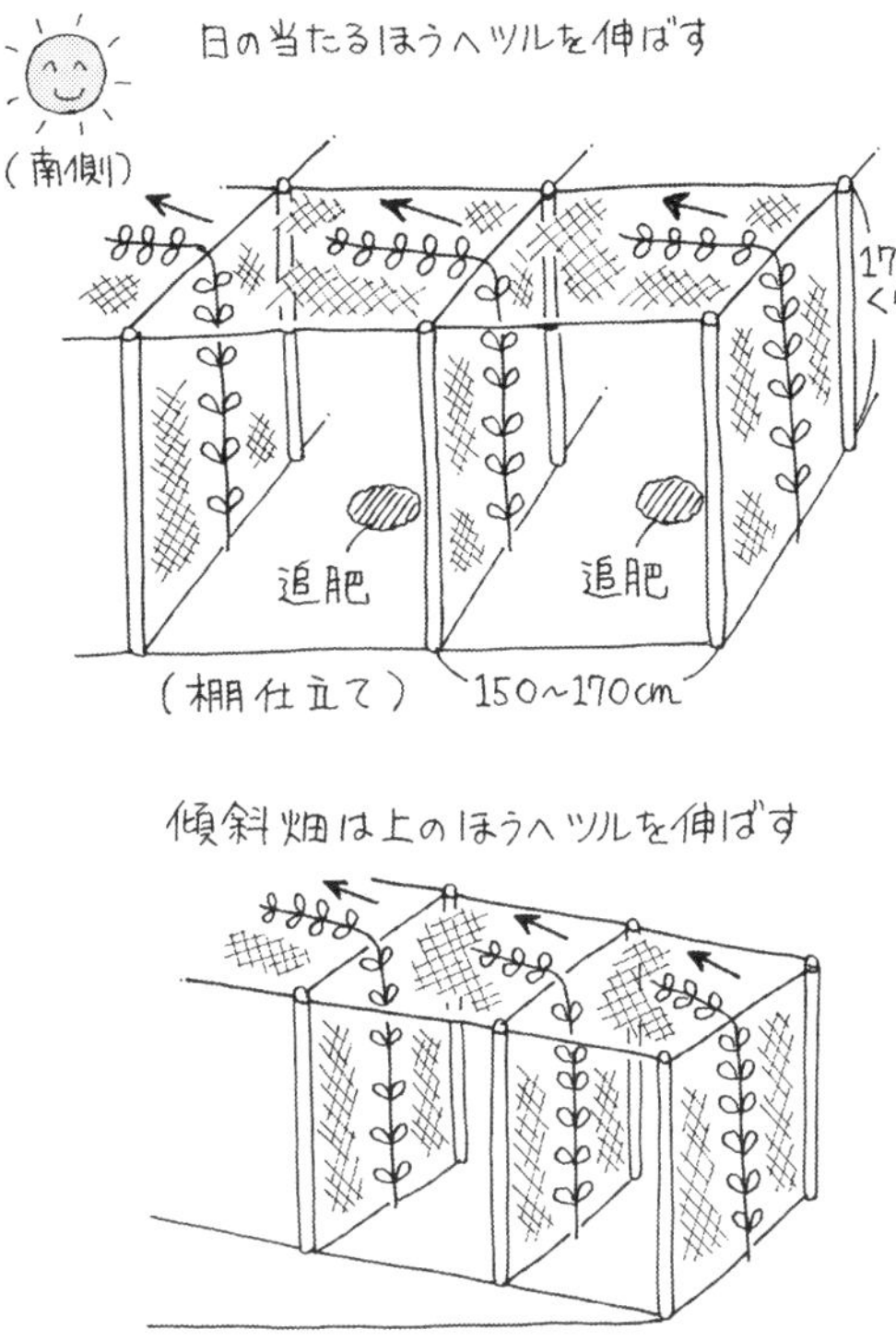

図1　シカクマメの棚とツルを伸ばす方向

写真2　ツルを伸ばしたい方向のネットに絡ませて伸ばす（K）

●マメ科のなかでは肥料が多く必要

シカクマメはマメ科のなかでは少し変わっていて、肥料を多く必要とする。収穫期間が長いのと、根が太く長く二〜四mくらい伸び、そのなかにも養分をため込む性質があるからかも知れない。肥料を多めにやっても、窒素過多でエグ味が出るようなことはない。

逆に肥料が少ないと、真夏になかだるみ（花が落ちて収穫できない）がおきやすくなる。また、肥料が切れるとシカクマメの売りである莢のヒダヒダがなくなってしまう。

私は、うね立て前に鶏糞を一〇a当たり三〇～三五袋（一袋は一五kg入り）入れ、その後、定植した苗の株元へもほんの一握り一〇〇～一五〇gくらい置き肥している。これは苗の発根をうながすためである、このときは、必ず鶏糞の上からたっぷり水をやる。

●真夏に中だるみさせない二回追肥

追肥は一～二回やるが、八月中には終えるようにしている。一回目は、葉色やツルの伸び具合を見ながら、七月上～下旬ころまでに入れる。二回目は七月下旬か八月初めまで。どちらも八月中下旬ころにおこるなかだるみ対策で、中だるみする前に少し力をつけてやるための追肥である。量は鶏糞七〇〇～八〇〇cc。八月上旬以降は肥料を入れずにゆっくりと育てていく。

追肥する場所は株間ではなく、通路の真ん中。シカクマメは太い根が横に伸びていくので、通路にやるとちょうどいい感じである。

●水やりは晴天続きなら七日に一回

シカクマメは乾燥に強い野菜であるが、水が少なくなると莢が小さく硬くなるので、できるだけ水をやるようにする。私の場合、夏の暑い時期は雨が降らなければ一週間に一回はやるようにしている。ふつうの夏野菜（ナスやキュウリなど）は四日に一回くらい。

このほかの作業としては除草がある。七月中旬ころまでは草を引き、それ以降は草が生えてきたら、鎌か草刈り機で刈り、通路に敷く。

写真3　完熟したシカクマメ
煮豆で食べるのもおいしい（K）

●収穫はじめは小さく採って樹勢を維持

収穫は八月上旬ころからはじまるが、最初は樹勢を維持するために、莢が小さいうちに（一〇cmくらい）収穫する。最初の実は太るのに時間がかかり、着果負担がかかるからである。最初の実を採りはじめてから一〇日くらいすると、実の肥大スピードも速くなり、一五cmくらいのきれいな莢が採れるようになる。

十月いっぱいぐらいは収穫できるが、採り遅れや少し虫食いの莢は株が枯れるころまで成らせたままにして、完熟した豆をとるようにする。ダイズのような豆がとれて、煮豆にすると、とてもおいしい。

●自家採種は八月上中旬の充実した莢から

私は、タネは自家採種している。八月上中旬まで（なかだるみする前）の実がいちばん充実しているので、そのときに成った莢をいくつか残して、最後まで枝につけておく。

収穫が終わるころ、それらの莢を採ってきて、ハウスのなかで一～二週間乾燥させ、莢を割って豆を取り出し、ビンなどに入れて保管する（写真1、3）。

ラッカセイ

●こういうラッカセイをつくりたい

莢が大きく、その中で豆がよく育ち、パンパンに莢が張っているものをつくりたい。味は生で食べてみて少し甘味があり、風味が豊かで、青臭みがないようにしたい。

そのためには、地下で発育する豆のために養分をつくる葉の活力が高いことが大事になる。葉は少し小さめながら厚みがあり、全体に細毛が生え覆っているように育てる。

葉の色は、はじめのころは先端の若葉が黄緑色で、成葉は深い緑色をしているが、収穫期が近づくにつれて黄色くなっていく。とくに先端の葉が黄色に変わる。

私は、タネはすべて自家採種している。品種名はわからないが、もともとは立性系で大粒の早生種である。そのほかに、大分県の農家の人がひとりでつくり続けていたという品種（味は抜群においしいが、小粒で収量は上がらない）も少しつくっている。

写真1　自家採種しているラッカセイのタネ（K）

●七月植えでネキリムシを防ぐ

播種は五月初めから六月下旬ころに行なう。ポットやセルトレイにタネをまいて苗を仕立てるが、これはカラスやネキリムシ（カブラヤガ）などの食害の予防と、生育初期の草引き（除草）の回数を減らすためである。四・五cmのポットにはタネを二粒ずつ、五五穴のセルトレイへは一粒ずつまく。

六月はネキリムシが急に多く発生する時期である。ラッカセイは発芽すると子葉が地面近くに出るが、直まきで芽が出た直後がとてもやられやすい。そこで、一カ月くらい育苗してから植える。ある程度苗の茎を太くして、ネキリムシが少なくなる七月にはいってから植えることが、農薬を使わないラッカセイづくりの知恵である。

定植は、株元にあるタネがシワシワになり形を失ってから行なうと、カラスにねらわれない（写真3）。うね幅一・三mの一条植え

写真2　ラッカセイの地中の莢（実）を太らせる葉
葉色の変化を読むことが大事（K）

か、一・八mの二条植えにする。地下水の高さや畑の状態によって変えている。株間は二五～三〇cmとするが、立性系の品種は少し狭めてもよい。

●追肥は肥料切れか根傷みかを判断して

元肥は鶏糞をうね立て前に一〇a当たり一〇袋（一袋一五kg）くらい入れ、定植時に株元へ一株一握り、一〇〇ccくらい置く。

追肥はラッカセイの状態を見ながら決める。畑全体を見渡して、葉の色が淡くなったところが出てきたら、近くへ行って、まずは肥料切れなのか、根傷みなのかを観察する。一株、二株だけおかしくなっていて、まわりの雑草が濃い緑で元気であれば根傷み。そういう場合は肥料をやらない。

肥料切れは、一〇株以上がひとかたまりにだんだん黄色が淡くなってくるような感じである。そういう場合は、その近くだけ鶏糞を多めにして、全体は株間に一株一握りくらいの目安で置いていく。

二回目以降も同じように様子を見て判断するが、旧盆をすぎたら肥料は入れない。早いものは十月上旬に収穫がはじまるが、九月にはいってから肥料をやると、豆のまわりの皮に強い渋味が残り、エグ味も抜けなくなって

写真3　ラッカセイの定植は株元のタネの形がなくなり、花が咲きはじめるころまでに（K）

写真4　ラッカセイは開花・受精後、子房柄が伸びて地中にはいり実を太らせる（K）

しまう。

●過灌水で子房柄が切れる

水は、定植時にたっぷり水をやるが、あとは乾けばやる程度である。やりすぎると、土にもぐっていく子房柄（莢をつける枝のようなもの）が切れやすくなり、そこから白絹病などの病気が発生する。

ただし、ラッカセイは夏を通り越して生育するので、真夏に四〜五日雨が降らないときは水をやる。子房柄が土にもぐるとき（七月中旬〜八月下旬ころ）、土が乾燥していると空莢《から》が多くなる。

●一番気を使う鳥獣害対策

ラッカセイは比較的つくりやすい野菜であるが、カラス・ネズミ・シカなどの鳥獣被害をものすごく受けやすいので、それらの対策に気を使う。

◇こまり者の穴ネズミには畑を分散

ネズミは、昔はそれほど被害を受けなかったが、ここ二〜三年のあいだに多くなって、いま一番苦労しているのが穴ネズミである。莢が太りはじめたころに、穴を掘って食い散らかしていく。半分近くやられたこともある。

このネズミには、ベタベタしたネズミ捕りなどを仕掛けてもあまり効果がないので、畑を三カ所くらいに分散して被害を少なくしている。いまのところ、これがいちばんだ。また、ネズミの穴に正露丸を二粒くらい入れると、その後はあまり寄りつかなくなる。

◇シカはこのネットの張り方で

シカには新芽が次々に食べられてしまう。そこで私はネットで防ぐようにしている。幅が二mあるネットの一m分は杭に立て、残り一mは地面に這わせる（図1）。這わせたネットに爪が絡まるとシカはそれ以上中にはいってこないので、とても効果がある。

なお、シカが出てからでは効果が減るので、苗を植えたらすぐにネットを張るようにしている。

◇カラスは二回くる―釣り糸で対策

カラスは釣り糸を二m間隔に張って侵入を防いでいる（図2）。シカと同じく、カラスが出てくる前に、苗を植えたらすぐに糸を張るようにしている。

カラスの被害にあうのは、だいたい決まっていて、定植してから二週間くらいのあいだと、収穫の一カ月くらい前から終わりまでのあいだである。とくに収穫はじめには、収穫残渣（とり残した小さな莢など）にカラスが目をつけるので、残渣は畑から持ち出す

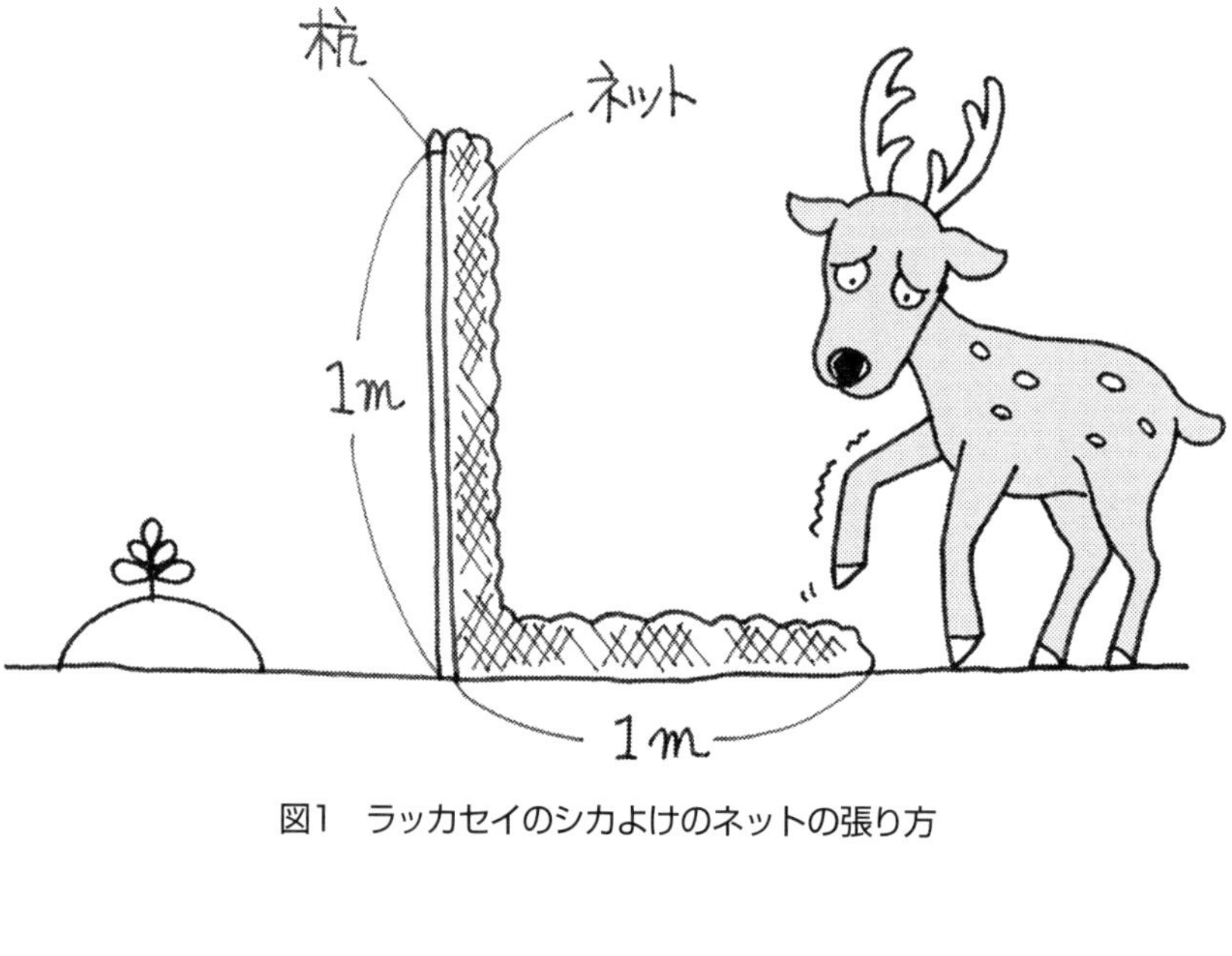

図1　ラッカセイのシカよけのネットの張り方

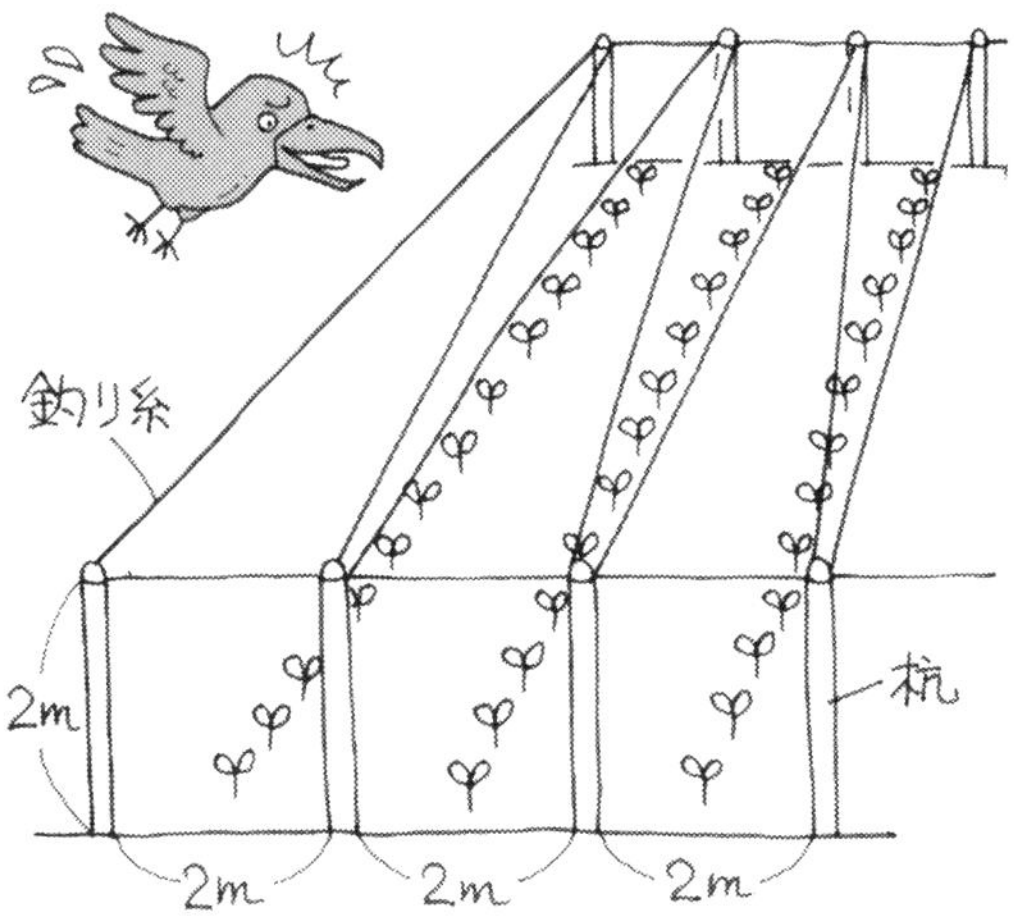

図2　カラスよけのライン（釣り糸）の張り方

か、集めてビニールなどをかけておく。

いずれにしても、ラッカセイが植わっていることに気づかれないようにすることを考えて防いでいる。

●掘りたての塩茹でがおいしい

収穫は十月初めからはじめて十一月末までに終える。九月中でも莢はある程度大きくなっていくが、あまり早く掘ると渋味が抜けない。試し掘りをして、味を確認してから掘るようにする。

最後に食べ方のアドバイスをひとつ。掘りたてを殻のまま三〇～四〇分ぐらい塩水で茹でる。塩は少し辛いくらいの量（海水ぐらい）にする。茹で終わったら殻をむいて、皮ごと食べるとかなりおいしい。

ゴマ

●こんなゴマをつくりたい

ゴマの粒がよくそろい、白ゴマは真っ白、黒ゴマは真黒で、どちらも色に深みと光沢があり、香り高いゴマをつくりたい。それには、一莢一莢がしっかりタネがはいって張り、はじめは緑色が黄緑に変わり、やがて黄色く熟れていくように、また葉も下葉から少しずつ熟れて黄色になっていくように育てる。

ゴマづくりは簡単そうにみえるが、じつは、わりとむずかしい作物である。一応収穫するまではできるが、下から上まですべての莢をきれいに実らせることはすごくむずかしく、悪くすると三分の一くらいしか採れない年もある。それは、カメムシなどの害虫、白絹病や疫病などの病気、台風、雨で収量が落ち、肥培管理によっても左右されやすいからである。

私はだいたい三分の二くらいの莢が実って採れることを目標にしている。

●播種量は畑の肥沃度によって変える

ゴマはどんな畑でも育つほうである。やせ

写真1　白ゴマ・黒ゴマ・金ゴマの混合（K）

地だと低く育ち、肥えた畑だと背丈二mにもなって、どちらもきれいな実をつける。日当たりはよいところを好む。

播種は七月を中心に八月初めまでに行なう。それより遅いと熟れにくくなる。

うね幅（通路を含む）一・七mくらいの平うねをつくって、二条まきする。播種量は一〇mに五〇ccくらいを基準に、畑の状態やタネの発芽力によって調整する。やせ地には少し多めにまき、肥えた畑は大きく育つので少なくまくと、間引き作業が少なくて済む。発芽率は、事前に試しまきしてみるとよい。

密植を避けるように播種・間引きすると、病気・害虫の予防につながるし、徒長しないため台風にも強くなる。

●除草と間引きを同時に──密植を避ける

発芽後は、草引き（除草）と間引きを同時にすると効率的である。

一回目は、播種後一週間くらい、本葉一～二枚のころに行なう。すべての雑草を一回で取り除こうとすると時間がかかりすぎるので、二回か三回でするつもりで行なうとよい。

まず株元は手鍬を使って草を掻きのけながら、株間二～三cmになるように間引きする。条間や通路は三角ホーやケズッタローでかきのけるが、深く削らないように注意する。なお、条間が広い場合には、管理機で除草することもあるが、管理機は下の土を上に上げるので、雑草のタネも上にきて発芽するため、二～三回かけることが必要になる。

二回目の草引きは、一回目から一〇日ほどたって、一回目で取り残した草を除く。株元は手で抜きながら、同時に間引きする。株が大きければ株間七～八cmに間引きし、小さければ五～七cmに間引くと、害虫や病気に強くなる。

このあとは、草引きのみ行なうが、ゴマが草に負けそうになったら手で取る。また大きくなる種類の雑草（アカザ・アオザなど）があったら、同じく手取り除草する。

●ゴマの鶏糞施肥は二つのパターンで

ゴマの施肥は、私は二つのパターンを使っている。はじめに元肥を入れるだけの方法と、二回の追肥だけにする方法であるが、どちらかというと、後者を選ぶことが多い。

七月の忙しい時期に、耕うん前に鶏糞を入れるのがたいへんなことと、後者のほうが肥料が少なくてすむからだ。

◇元肥だけの方法

元肥だけの方法は、耕うん作業で最後の一回をかけるとき、うね部分へ鶏糞を一〇a当たり四〇〇kg相当入れて、浅く耕す。その後タネまきする。追肥はしないが、ゴマの状態をみて肥料がたりないようなら、少し追肥をすることもある。

◇元肥なしの方法

次に元肥なしの方法は、発芽後一週間くらいに、一回目追肥として鶏糞を一〇a当たり一五〇kg相当を条間に施す。二回目はゴマの生育状態を見ながら、一回目から二～三週間後に、一〇a当たり一五〇kgを目安に施す。

二回目の追肥が多すぎたり、遅くやりすぎたりすると、莢が黄色く熟れるのが遅くなり、病気や害虫を寄せつけ、台風で倒れやすくなる。

なお、播種が遅くなったときには、二回目の追肥は省き、一回目を一〇a当たり二〇〇kg相当と少し多めにすることもよい。

●水やり、台風への備え

ゴマは水やりは少なくてよい作物であるが、とくに生育初期は真夏で一〇日以上雨がないと枯れてくるので、晴天が一週間くらい

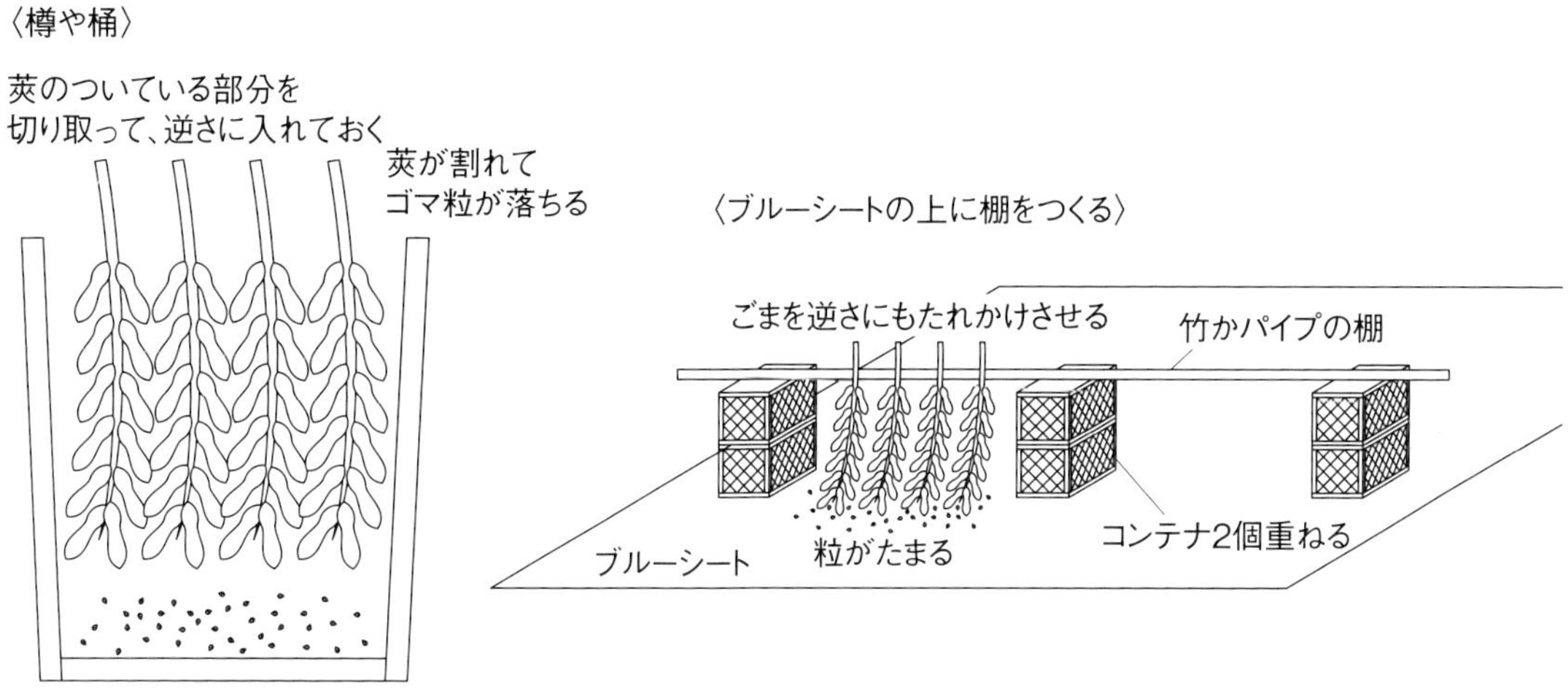
〈樽や桶〉
莢のついている部分を
切り取って、逆さに入れておく
莢が割れて
ゴマ粒が落ちる
〈ブルーシートの上に棚をつくる〉
ごまを逆さにもたれかけさせる
竹かパイプの棚
コンテナ2個重ねる
粒がたまる
ブルーシート

図1　ゴマの乾燥・脱穀のし方

続いたら、水やりしたほうがよい。ほかの野菜も水をほしがる季節のため、ゴマは水やりが後まわしになりがちである。

台風が多くなる九月になったら、上のほうは実入りが少ないので切り取って、風で倒れにくくするとよい。

●収穫のタイミングと脱穀・選別のし方

十月下旬ころになって、株全体が黄色くなっていき、下のほうの莢が二つ三つ割れてきたら、収穫適期である。ただし、雨の多い年は、収穫が遅すぎると疫病などが増えるので、晴れ間をねらって、早めに収穫したい。

収穫は莢がついているところを切り、脱穀は量が少ないときには樽などに逆さに入れておくと、タネが落ちる。最後に、樽の縁へ打ちつけて、タネをよく落とす（図1左）。

量が多いときや雨の多い年は、樽だとゴマに水分が多いためにカビが生えてしまうので、ハウスなどにブルーシートを敷き、その上に竹やパイプなどを使って立てかけ棚をこしらえ、それにゴマを逆さに立てて、もたせがけしておく（図1右）。最後に、竹にゴマの木を打ちつけて、莢に残ったゴマを落とす。

落ちたゴマ粒を集めて、箕や唐箕などを使ってゴマと大きなゴミを選別する。次に、ゴマを水に浸け、沈んだものだけを集めて天日で乾かせばでき上がり。このとき、三分の二以上が水に沈めば、よいゴマができたといえる。

●ごま塩をつくって宅配に

収穫後は早めに出荷し、残しておく場合は冷蔵庫に保管している。

なお、私はゴマとしてはほとんど出荷せず、ごま塩にして出荷している。ごま塩は、地元のおいしい塩を炒り、次にゴマを炒って、合わせてスリ鉢ですってつくる。宅配ボックスにも入れている。

［著者略歴］

桐島　正一（きりしま　しょういち）

昭和41年3月23日　高知県生まれ。
昭和60年　高知県立実践農業大学校卒業。
その後、2年間アメリカに行き、農業を学ぶ。
昭和62年　21歳で農業を始め、現在に至る。

編集協力・写真撮影　木村信夫（フリー編集者）
写真撮影　赤松富仁（写真家）
イラスト：トミタ・イチロー

本書は『別冊　現代農業』2013年４月号「農家が教える 有機・無農薬のおいしい野菜づくり①」を書名を変えて単行本化したものです。

農家が教える
桐島畑の絶品野菜づくり１
基本技術と果菜類・豆類の育て方

2013年9月25日　第1刷発行

著者　桐島正一

発行所　一般社団法人　農山漁村文化協会
郵便番号 107-8668 東京都港区赤坂7丁目6-1
電話 03(3585)1141(営業)　03(3585)1147(編集)
FAX 03(3585)3668　振替 00120-3-144478
URL http://www.ruralnet.or.jp/

ISBN978-4-540-13167-7　DTP製作／ニシ工芸㈱
〈検印廃止〉　印刷・製本／凸版印刷㈱